rowohlts monographien
begründet von Kurt Kusenberg
herausgegeben
von Wolfgang Müller und Uwe Naumann

Friedrich Fröbel

in Selbstzeugnissen
und Bilddokumenten
dargestellt von
Helmut Heiland

rororo bildmonographien

Rowohlt

Otto Friedrich Bollnow zum 14. März 1982

Dieser Band wurde eigens für «Rowohlts monographien» geschrieben
Den Anhang besorgte der Autor
Herausgeber: Kurt und Beate Kusenberg
Assistenz: Erika Ahlers
Schlußredaktion: K. A. Eberle
Umschlagentwurf: Werner Rebhuhn
Vorderseite: Fröbel-Bildnis aus: «Friedrich Fröbel, ein Lebensbild»
von Dr. Marie Anne Kuntze
Rückseite: Titelvignette aus: «Die Menschenerziehung»

Veröffentlicht im Rowohlt Taschenbuch Verlag,
Reinbek bei Hamburg, Februar 1982

Satz Times (Linotron 404)
Gesamtherstellung Clausen & Bosse, Leck
Printed in Germany
ISBN 3 499 50303 4

4. Auflage Februar 2005

Inhalt

Friedrich Fröbel. Zeichnung von Strauch

Kindheit und Jugend

Wie Ihr wohl schon wißt, bin ich in einem Bergdorfe eines der höchsten Bergtäler des Thüringer Waldes geboren. Es vergleichet irgendein Deutscher die hohen Türme unserer Kirchen mit Zeigefingern der Erde, der Mutter Erde, die ihren Bewohnern, ihren Kindern die Richtung ihres Lebensweges nach dem Himmel, nach dem Unsichtbaren und uns doch überall umgebenden Höheren deute ... Ich habe einmal ein schönes Gemälde gesehen, wo eine sitzende Mutter die kleine Schar ihrer lieben Kinder um ihren Schoß versammelt hat, die Mutter redet zu ihnen und die Kinder nehmen achtsam jedes Wort ihr von den Lippen, um es in ihrem Gemüte zu bewahren und zu bewegen. Der Künstler läßt die rechte Hand der Mutter, um den Sinn und Inhalt ihrer Rede anzudeuten, zum Himmel zeigen, wohin auch der Blick der Kinder folgt; mit diesem lieblichen Bilde und dessen Sinn möchte ich den Punkt der Gebirgsgegend vergleichen, nach welcher ich eben Euern Blick leitete. –

Doch meine Mutter konnte nie so zu mir reden, mir also auch nie so den Sinn ihrer Rede deuten, denn sie starb, sie sank eingeschlafen selbst in den Schoß ihrer, unser aller Mutter, noch ehe ich mein erstes Lebensjahr durchlebt hatte; allein der mit jedem wiederkehrenden Frühling sich von neuem in hoffnungsvolles Grün kleidende Hügel ihrer Ruhestatt mit seinen heiter strahlenden Blumen war mir nun noch mehr als der zum Himmel zeigende Arm: es war mir der seelenvolle, vertrauende Blick nach oben, mit welchem mich hoffnungsvoll die eingeschlafene Mutter höherer Leitung, höherm Schutz übergeben hatte. In diesem frühen Tod meiner Mutter, verbunden besonders auch mit dem von ihr empfangenen Gemüte fand ich frühe und finde ich noch bis jetzt den Mittelpunkt meiner Lebensschicksale; denn meinem Gemüte wurde so frühe die größte Aufgabe gegeben, Leben und Tod, Einigung und Trennung, Unsichtbares und Sichtbares zu einen; mein besonderer Beruf wurde also dadurch: die größten der Gegensätze, der Entgegensetzungen im eigenen Leben und durch das eigene Leben in seine Widerspruchslosigkeit aufzulösen. Um diesen hohen Beruf nun zu erfüllen, um diese große Aufgabe, die Aufgabe für ganzes langes Menschenleben zu lösen, so wurde ich durch den Tod der Mutter zugleich der

Natur und der Menschheit zurück gegeben, welche beide jene höchsten Entgegensetzungen und Widersprüche in sich einen und lösen.[1*]

Fünfzig Jahre alt war Friedrich Fröbel, als er mit diesem Rückblick sein Leben in einem Brief an ehemalige Zöglinge in Keilhau überschaute; Gedanken eines Mannes in der Mitte des Lebens. Berufliche Schwierigkeiten, Zweifel und existentielle Erschütterungen veranlaßten ihn, in einer Reihe von Selbstzeugnissen, so wie in diesem Brief, über seine Weltsicht und seine Erziehungsphilosophie zu reflektieren. Dies Reflektieren geschieht in der ihm eigenen Art, als ein sprachlich eigenartig kreisendes und naturmystisches Denken, das zu erschließen dem Menschen unseres Jahrhunderts schwerfällt, ihm aber vielleicht auch den Verlust einer totalen Beziehung zum Kosmos zum Bewußtsein bringt.

Friedrich Wilhelm August Fröbel wurde am 21. April 1782 in Oberweißbach bei Rudolstadt (Thüringen) geboren. Seine Kindheit wird geprägt vom frühen Verlust der Mutter. Diese stirbt neun Monate nach seiner Geburt im Februar 1783. So wuchs das sechste und jüngste Kind des Pfarrers Johann Jacob Fröbel weitgehend unbeaufsichtigt im Kreise der wesentlich älteren Geschwister August (geb. 1766), Christoph (geb. 1768), Christian (geb. 1770), Juliane (geb. 1774) und Traugott (geb. 1778) heran. Von diesen dürfte wohl nur Traugott ein altersgemäßer Spielkamerad gewesen sein. Mit Christoph verband Friedrich Fröbel später eine enge Freundschaft. Der Großvater Friedrichs, Johannes Fröbel, war Förster in Neuhaus am Rennsteig gewesen, die Großmutter stammte aus Oberweißbach. Eltern und Großeltern des Großvaters Johannes lebten als Bauern im Thüringer Raum (Großgölitz und Leutnitz). Mütterlicherseits wurde Friedrich beeinflußt durch die Patrizierfamilie der Hoffmanns, die in Stadt-Ilm ansässig war und dort die Ämter des Bürgermeisters und Pfarrers innehatte. Ein Bruder seiner Mutter, der Superintendent Hoffmann in Stadt-Ilm, hat sich später des zehnjährigen Friedrich angenommen.

1785 heiratete der Vater erneut. Die wesentlich jüngere Friederike Sophie, geb. Otto, begegnete dem ihr vertrauensvoll entgegenkommenden, ihre Mutterliebe erwartenden kleinen Friedrich zunächst mit herzlicher Zuneigung. Doch zog sie sich bald zugunsten ihrer eigenen Kinder Karl Popo (geb. 1786) und Johanna Sophie (geb. 1792) zurück und verweigerte ihm sogar das «Du». Friedrich blieb wieder sich selbst überlassen; er gewinnt ein inniges, betrachtendes und gestaltendes Verhältnis zur Natur: 1811 heißt es in den Tageblättern: *Erinnerung aus der Jugend: Mit unsäglicher Wonne Betrachtung der Tulpen. Innigste Freude an ihrer Regularität. Auffallendheit der sechs Blumenblätter, der dreischneidigen Samenkapsel.*

* Die hochgestellten Ziffern verweisen auf die Anmerkungen S. 126 f.

Frontispiz der Mutter- und Koselieder (Ausschnitt)

Innigste Freude über die kleinen Blümchen Geran. robert; dies als allererstes, das meine Aufmerksamkeit auf sich zog; auch die Bellis. Innigste Freude beim Anblick geometrischer Figuren und Körper. Sehnsucht des Herzens, den Grund dieser Freude zu finden. Freude über die weibliche Blüte der Haselnuß; ihre herrlichen Farben; Freude über Lindensamen. Alles Sorgende, Liebende daran erfüllte mich mit Achtung. Zergliederung von Bohnenkernen in Oberweißbach, in der Hoffnung, Aufschluß zu finden ... Als Kind Bauen von Bächen, Mühlgräben, Teichen; Schnitzen, Zimmern.[2]

Neben dem Verlust der Mutter und der Liebe zur Natur wird Fröbels Kindheit durch die dogmatische christliche Gläubigkeit seines Vaters bestimmt. Tägliche Morgen- und Abendandachten sowie der sonntägliche Besuch des Gottesdienstes, dem Friedrich allein in der Sakristei beiwohnen mußte, banden ihn an ein christliches Selbstverständnis, das von Sünde und Strafe bestimmt war und das Kind ängstigte. *Mein Vater gehörte zu den alten orthodoxen Theologen; darum herrschte, wie im Liede so im Vortrag die bekannte starke Bilder-Anschauungssprache, eine Sprache, die ich in mehrfacher Beziehung eine Steinsprache nennen möchte, weil es eine gewaltige auflösende Kraft kostet, das darin enthaltene innere Leben aus der äußeren Hülle zu befreien.*[3] Zugleich aber übten bestimmte Schriftstellen und Lieder auf den kleinen Friedrich eine große Faszination aus: *Es sind besonders zwei Lieder, welche wie zwei helle Sterne in die dunkle und schauerliche Morgendämmerung meines ersten Lebens herniederleuchteten: 1. Schwing dich auf mein Herz und Geist 2. Es kostet viel ein Christ zu sein. Diese Lieder wurden mir Lebenslieder; ich fand darin mein kleines Leben gezeichnet, und der Inhalt derselben griff so in mein Leben ein, daß ich in dem späteren Leben mich oft an demjenigen gestärkt und erholt habe, was dort dem Gemüt gereicht wurde.*[4] Mit dieser christlichen Orthodoxie kontrastiert Fröbels Taufbrief seiner Patin Johanna Christina Friederika Kämpfin aus Neuhaus, der durchdrungen ist von pietistischer, gefühlvoller Frömmigkeit und den Fröbel noch in den letzten Tagen seines Lebens als sein «Creditiv»[5], als sein Glaubensbekenntnis bezeichnete. Dieser Patenbrief lautet: «Sollte mein Herz nicht ganz Freude sein, an dem heutigen Tag ein Solches verrichten zu dürfen, welches Dich, liebenswürdiges Patgen zum himmlischen Segen und mich zu vorzüglichen Ehren setzet? So stehe doch auf, mein Freund! Mein Schöner, komme her und ruhe auf meinen Armen, auf welchen ich Dich bei dem geheiligten Taufstein Jesus vorhalte; von nun an wird sich dieser unser Heiland mit Dir vertrauen in Gerechtigkeit, Gnade und Barmherzigkeit. Höre, Sohn! Schaue darauf

Pfarrer Fröbels Taufbucheintrag vom 23. April 1782

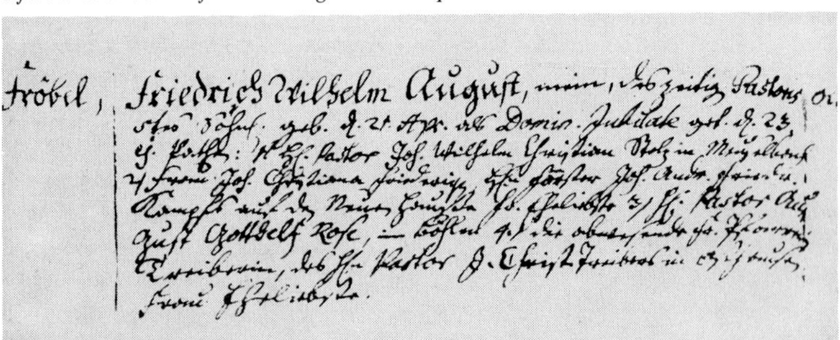

Das Pfarrhaus von Oberweißbach, in dem Friedrich Fröbel geboren wurde

und halte Dich mit unbeweglicher Treue an Deinen besten Seelenfreund, der nun Dein ist, bis er Dich am Abend Deiner Tage zu seiner ewigen Ruhe rufen wird. Folge der treuen und wohlgemeinten Vermahnung Deiner Dich zärtlich liebenden Patin.»[6] Der sich selbst überlassene, über den Sinn von Bibelworten und die Rätsel der Natur nachgrübelnde Friedrich Fröbel, der noch 1831 schmerzerfüllt den frühen Verlust der Mutter als *erste Wunde*[7], als *frühe Verletzung ursprünglicher Seelen-, der Herzens- und Gemüts-, der Geisteseinigung*[8] beklagt, wird durch seine Einsamkeit dazu gezwungen, über sich selbst nachzudenken: *Unausgesetzte Selbstbeobachtung, Selbstbetrachtung und Selbsterziehung ist der Grundcharakter meines Lebens von frühe an gewesen ...*[9] – Hier klingt der Zug zur Selbsterhellung, Eigen-Analyse, zur Selbstbestimmung, zum Autodidaktischen an, der Fröbels Leben und Werk geprägt hat. Die Situation Friedrichs im Vaterhaus verschlechterte sich zunehmend. Sein egozentrisches, eigenbrötlerisches Verhalten wurde als Trotz, als Bosheit ausgelegt. *Ich galt frühe als bös.*[10] Die Geschwister waren nicht mehr im elterlichen Hause, Christoph studierte Theologie und nahm sich nur in den Semesterferien seines Bruders an. Fröbels Leben änderte sich jedoch wesentlich 1792. Den beinahe elfjährigen Fröbel nahm sein Onkel Superintendent

Hirschberg a. d. Saale. Zeitgenössischer Stich

Johann Christoph Hoffmann nach Stadt-Ilm. *Ein neues, dem bisherigen entgegengesetztes Leben begann für mich jetzt.*[11] Hier schloß sich Friedrich den Altersspielgruppen an, zeigte aber in den oberen Klassen der Stadtschule (Elementarschule) außer in Mathematik keine hervorragenden Leistungen, so daß er nach der ihn sehr beeindruckenden Konfirmationsfeier in Stadt-Ilm zu einem praktischen Beruf bestimmt wurde. Diese Zurücksetzung gegenüber den studierenden Brüdern Christoph und Traugott sowie dem ebenfalls zum Studium bestimmten Halbbruder Karl Popo ertrug der junge Friedrich zunächst ohne Widerspruch. Im Juni 1797 trat er eine Feldmesser-Lehre bei Förster Witz in dessen Försterei nahe Hirschberg/Saale an. Da der Förster häufig in Floßgeschäften tätig war, blieb sich Friedrich auch hier wieder weitgehend selbst überlassen. Er beschäftigte sich mit mathematischen und botanischen Büchern. Witz erkannte diese Tätigkeiten nicht an und entließ Fröbel 1799 mit einem *völlig ungenügenden Zeugnisse*[12]. Der Vater ist ratlos, was aus diesem jungen Menschen noch werden kann. Friedrichs Besuch bei Traugott, der in Jena Medizin studierte, läßt den Wunsch, ebenso wie die Brüder studieren zu können, entstehen. Der Vater willigte nach längerem Zögern ein und akzeptierte auch den Anspruch Friedrichs auf sein mütterliches Erbteil. Aus

Jena schreibt Friedrich dem Vater, mit seinen jetzigen mathematischen und botanischen Kenntnissen als Feldmesser könne er *bloß die Zahl des größten Haufens* vermehren, aber keiner *von solchen Männern* werden, *als ich einer zu werden mich entschloß. Wenn ich dann zurück auf diese Zeit sehe, wo es noch in meinen Händen stund, mir gründliche mathematische und ökonomische Kenntnis zu verschaffen; niemand würde ich dann die Schuld, als mir selbsten geben können, wenn ich dann beschämt der Welt vor Augen stehe, und anstatt, daß es in meinen Händen stehet, Achtung zu ernten, dann Verachtung mein Los sein wird.*[13] Im Wintersemester 1799/1800 begann er das Studium der Naturwissenschaften und wurde Mitglied der Naturforschenden Gesellschaft in Jena, der auch Goethe angehörte. Sein Streben nach Selbstbestimmung durch intensives Studium der naturwissenschaftlichen Grundlagen, insbesondere der Botanik bei Prof. Batsch und der Chemie bei Prof. Göttling, hatte eine erste Erfüllung gefunden. Im 4. Semester mußte er das Studium abbrechen und eine Karzerstrafe wegen seiner Schulden absitzen. Der Vater reagierte zunächst

Der Marktplatz von Jena 1790. Nach einem Stich von Schenk

gemäß seinen strengen Prinzipien nicht auf die Bittbriefe Friedrichs. Erst als dieser auf sein väterliches Erbteil verzichtet hatte, löste ihn der Vater aus. Erneut gedemütigt kehrte Friedrich 1801 ins Elternhaus zurück. Ein dreimonatiger Aufenthalt bei Verwandten in Weitersroda bei Hildburghausen befriedigte beide Seiten nicht. Da ruft ihn der Vater nach Oberweißbach zurück. Er war schwer erkrankt. Friedrich soll ihm bei den Amtsgeschäften helfen. Der Vater stirbt am 10. Februar 1802. *Mit den dankbarsten Gesinnungen eines wahren, echten Sohnes begleitete ich im gewaltigsten Wintersturm seine Hülle zur Erde.*[14] *Möge sein verklärter Geist jetzt, wo ich dieses schreibe, beruhigt und segnend auf mich herab sehen; möge er nun mit dem Sohne, der ihn so sehr liebte, zufrieden sein.*[15] Die Zeit der Demütigungen, nicht aber die Zeit der Suche nach der eigenen beruflichen Existenz war zu Ende.

Seine erste berufliche Stelle in seinem Fach fand Fröbel im Frühjahr 1802 in Baunach bei Bamberg als Forstamtsaktuar (Feldmesser) am dortigen Rent-, Forst- und Zehntenamt. Mit dem Hauslehrer seines Vorgesetzten, Kulisch, verband ihn bald eine herzliche Freundschaft. Aber Fröbel interessierte sich noch nicht für die beruflichen Aufgaben Kulischs. Da ihm die *ewige Schreiberei*[16] nicht zusagte und er mehr das praktische Feldmessen ausüben wollte, ging Fröbel 1803 nach Bamberg. Durch den Reichsdeputationshauptschluß (1803) wurden die deutschen Fürsten von Napoleon für ihre linksrheinischen Verluste auf Kosten geistlicher Territorien und kleinerer Reichsstädte entschädigt. Das Bistum Bamberg fiel an Bayern. Umfangreiche Vermessungsarbeiten waren notwendig, und Fröbel fand rasch eine Anstellung. So hatte er auch ein kleines Landgut zu vermessen, dessen Mitbesitzer Fröbel aus seiner Jenaer Studienzeit kannte. Dieser Dr. Reibel gab Fröbel auch Schriften Schellings zu lesen. Eine gründliche Lektüre kann dies freilich nicht gewesen sein, verband Fröbel doch in der Erinnerung später zwei Schriften Schellings zu einer: *So mochte es auch gekommen sein, daß er mir Schellings «Bruno oder über die Weltseele» zu lesen gab. Was ich in diesem Buche las, regte mich gewaltig auf; ich glaubte es zu verstehen.*[17] (Schellings «Von der Weltseele» erschien 1798, «Bruno oder über das natürliche und göttliche Prinzip der Dinge» 1802.) Immerhin hatte Fröbel damit einen über Mathematik und Naturwissenschaften hinausweisenden ersten Eindruck philosophischer Existenzerhellung erhalten. Aber er verstand sich zu dieser Zeit noch als *Ökonom*[18] und begründete dies *Ideal eines Landmannes*[19] mit seiner Kindheit und Jugend. 1807 erkennt er schon deutlich diese Zusammenhänge: ... *ich lebte, durch äußeren Zwang genötigt, ein Leben in mir, bildete und entwickelte mein Gemüt in mir, soviel es der kleine Raum erlaubte, in welchem es sich um sich selbst bewegte ... So in mir selbst verschlossen, lebte ich auch mein künftiges Leben; denn obgleich später, als*

Bamberg. Stahlstich von 1837

nicht mehr der Himmel, unter dem ich geboren ward, sich über mir wölbte, der äußere Zwang zum inneren Leben und das Zurückdrängen in mich selbst aufhörte, so lebte ich dennoch fortwährend mein Leben in mir, mein inneres Leben; denn die Hauptveränderung, die jetzt mit mir vorgegangen war, war bloß: daß mein Leben in mir nicht mehr durch feindliche Einwirkungen von außen gestört wurde.[20] So *lag unbewußt in mir ein Maßstab, nach dem ich unbewußt die wenigen und noch dazu mir nur oberflächlich bekannten bürgerlichen Verhältnisse prüfte und endlich unbewußt darnach wählte. Dieser Maßstab forderte: Ein fortwährendes stilles, ruhiges Leben in mir, wo ich ungestört durch Einwirkungen von außen meinem innern Leben in mir leben, die Welt in mir sich gestalten, sie nach meiner eigenen Ansicht in mir aufnehmen, und so nun selbst ungestört und in Ruhe von innen heraus ausbilden könnte ... Ich wollte ein auf dem Lande: in Feld, Wiese und Wald lebender Mann werden ... ich wollte alles dasjenige in mir vereinigt darstellen, was ich an allen denjenigen einzeln wahrnahm, die auf dem Lande (Feld, Wiese, Wald) lebten: Bauer, Verwalter, als dieser Berechner, Jäger, Förster, Feldmesser ...* Dieses war *das Ideal meines Land-*

Friedrich Wilhelm Joseph von Schelling

manns, was sich in meinem Innern bewegte, als ich gegen 15 Jahre alt war …[21] Fröbel beurteilt im Rückblick 1807 bereits seine Tätigkeit bei Förster Witz als erstes Erahnen der Natur als Einheit in und hinter allem Seienden von Wiese, Feld und Wald. Er interpretiert sein naturphilosophisches Selbstverständnis als latent seit der Kindheit vorhanden – ein Selbstverständnis, das aber noch nicht, auch nicht durch die Lektüre Schellings, zum Bewußtsein vorgedrungen war. Auch die Baunacher und Bamberger Zeit wird ähnlich beurteilt: *So lebte ich jetzt wieder viel in und mit der Natur.*[22] *Ich führte hier mehr ein großes, d. h. für mich dortmals großes allgemeines Naturleben, ohne in das Einzelne derselben, Steine, Pflanzen, Tiere, einzugehen; nur die Gegend, die Landschaft war es eigentlich, in der ich ruhte.*[23] Ahnungshaft fühlt sich Fröbel eins mit dem Ganzen der Natur, vereint in der Stimmung. Die im Verlust der Mutter und im Autismus seiner Kindheit begründete Naturverbundenheit Friedrich Fröbels drängt jedoch nach Bewußtwerdung. Die über die biblische *Steinsprache*[24] und den Taufbrief der Patin, den Fröbel im Nachlaß des Vaters fand und an sich nahm, erfahrene Lebensperspektive christlicher Gläubigkeit hingegen bleibt zunächst weitgehend unwirksam.

Fröbel annoncierte im «Allgemeinen Anzeiger der Deutschen» ein «Dienstgesuch» – er bewarb sich also um eine Stelle – und bekam verschiedene Angebote. Er entschied sich für die Anstellung als Privatsekretär bei Geheimrat von Dewitz auf dessen Gut Groß-Miltzow bei Neubrandenburg. Der Bewerbung hatte er eine geometrische und eine architektonische Arbeit (Plan eines Landschlößchens) beigefügt. Er wollte nun im Baufach tätig werden. Zwei Monate arbeitete Fröbel auf einem Gut nahe Bayreuth als Verwalter. Im Februar reist er nach Mecklenburg ab. Die Tätigkeit als Privatsekretär sagt ihm zu, nicht zuletzt, weil sie ihm viel Freiraum zum Selbststudium läßt. In dieser Zeit beschäftigte er sich mit Architektur, aber auch mit Literatur. *Vorzüglich anregend wirkten folgende Werke auf mich: Pörschkes Anthropologische Fragmente, ein unbedeutendes, kleines Büchelchen, Novalis Schriften und Arndts Germania und Europa.*[25] Pörschkes Buch erschien 1801, die Schriften von Hardenberg-Novalis in der Tieck-Ausgabe von 1802 und Arndts «Germanien und Europa» 1803. Rückblickend gesteht Fröbel, Pörschke habe ihm sein Person-sein eröffnet, Novalis die *innersten, verborgensten Regungen, Empfindungen und Anschauungen meines Geistes*[26], während «Germanien und Europa» Fröbel aufschloß *für den Menschen in seinen großen geschichtlichen Verhältnissen* und ihn *mit meinem Volke, mit Vor- und mit Mitwelt* verband.[27] Die geistigen Strömungen und politischen Veränderungen, die mit der Französischen Revolution verbunden waren, gingen jedoch spurlos an Fröbel vorbei und wurden nicht reflektiert. Der Drang zur Ausübung des Baufachs verstärkte sich. Fröbel korrespondierte mit seinem Freund Kulisch in Frankfurt am Main. Dieser sagte zu, ihm bei der Suche nach einer Anstellung in Frankfurt behilflich zu sein. Im April 1805 verläßt Fröbel Groß-Miltzow und verbringt noch einige Tage bei seinem Freund Meyer auf dessen Gut Krumbeck in der Uckermark, bevor er zu Fuß nach Frankfurt weiterwandert. Fröbel steht noch ganz unter dem aufwühlenden Eindruck von Novalis: *Dies Buch ergriff mich, erregte mich so stark, daß ich es besonders in diesen Sätzen* (gemeint sind die Fragmente), *nachdem ich es einmal durchlesen hatte, in vielen Jahren kaum wieder öffnen, noch weniger ganz durchlesen konnte, weil ich immer fürchtete, von dem in mir dadurch erregten Feuer verzehrt zu werden.*[28] Entsprechend ausgeprägt ist während des Aufenthaltes in Krumbeck auch sein Naturempfinden: *Himmel und Erde floß mir in dieser glückli-*

Ernst Moritz Arndt

chen Zeit grenzenlos zusammen und aus der Natur strahlte mir wie aus einem klaren See verschönt mein eigenes Leben zurück.[29] Hinzu kam eine erste Liebesbeziehung, die, in Groß-Miltzow begonnen, noch nachwirkte. Die Verbindung zu dieser *uralten Jugendgespielin und Seelenverwandten*, die Auguste hieß, führte dazu, daß Fröbel bis 1815 nur noch mit August Fröbel unterschrieb. *So wollte ich auch nicht länger meinen alten Namen führen, an welchen sich so viel widrige Erinnerungen besonders meiner ersten Jugend anknüpften.*[30] Wie wenig in sich ruhend Fröbel sich in dieser Zeit fühlte, zeigt die Eintragung ins Stammbuch des Freundes Meyer: *Dir gebe das gütige Geschick eine ruhige ländliche Wohnung, ein biederes treues Weib, stets heiteren Sinn und inneren Frieden; mich treibe es rastlos durch die Welt, und nur so viel Zeit zur Ruhe und Erholung vergönne es mir, als nötig ist, um meinen Standpunkt zu der Welt und den Men-*

*Novalis (Friedrich Leopold Frhr. v. Hardenberg).
Stich von E. Eichens*

schen erkennen zu können. Du gib den Menschen Brot; mein Streben sei, die Menschen ihnen (sich) selbst zu geben.[31]

Dieser Ausbruch innerer Ungeklärtheit und rastlosen Suchens nach Selbstbewußtsein enthält zugleich die erste pädagogische Äußerung Fröbels und verweist so in ersten Andeutungen auf sein Erziehungskonzept der *Lebenseinigung*[32], das er dann 1806 ahnungshaft so formuliert: *Ich will Menschen bilden, die mit ihren Füßen in Gottes Erde, in die Natur eingewurzelt stehen, deren Haupt bis in den Himmel ragt, und in dem selben schauend liest, deren Herz beides, Erde und Himmel, das gestaltenreiche Leben der Erde und Natur und die Klarheit und den Frieden des Himmels, Gottes Erde und Gottes Himmel eint.*[33] Hier klingt auch schon Fröbels Einheitsphilosophie der Sphäre an.

Die Frankfurter Zeit

In Frankfurt findet Fröbel Zugang zum pädagogischen Beruf. Er wird Lehrer an einer Schule, später Hauslehrer. Zugleich beginnt eine intensive Beziehung zu einer Frau, die ihn noch in den dreißiger Jahren beunruhigt: zu Caroline von Holzhausen, der Mutter seiner Zöglinge. Diese Beziehung führt zum Aufbau einer eigenständigen Weltsicht, zur Konzeption der «Sphäre». Diese wird zwar erst in Göttingen (1811), aber in stetem bewußten Bezug zu Caroline von Holzhausen entwickelt. In Frankfurt kommt Fröbel außerdem mit der Erziehungstheorie Pestalozzis, mit dessen Elementarmethode in Berührung. Auch dies ein Motiv, das Fröbel nicht mehr loslassen wird. Erzieherische Verpflichtung, Polarität der Geschlechter und das Elementare stellen die Trias der Frankfurter Zeit dar.

Als Fröbel im Juni 1805 in Frankfurt eintraf, unterstützte ihn Kulisch bei der Suche nach einer Stelle im Baufach. Kulisch stellte Fröbel auch seinem Bekannten Gruner vor, dem Leiter der Frankfurter «Musterschule», in der nach Pestalozzis pädagogischen Prinzipien unterrichtet wurde. Gruner hatte in Salzmanns Erziehungsanstalt Schnepfenthal gearbeitet und war auch bei Pestalozzi in Iferten gewesen. Seinen eigenen Idealismus glaubte er in Fröbel wiederzuerkennen. Er lud ihn ein, an seiner Schule Lehrer zu werden. Fröbel nahm zunächst nur zögernd an. Als er aber erfuhr, daß alle Dokumente, die Nachweise seiner bisherigen Tätigkeiten auf dem Postweg verlorengegangen seien, sah er darin eine Bestätigung seiner neuen Verpflichtung. Seinem Bruder Christoph teilt er mit: *Ich muß Dir aufrichtig sagen, daß es auffallend ist, wie wohl ich mich in meinem Geschäfte befinde ... es war mir, als wäre ich schon längst Lehrer gewesen und eigentlich zu diesem Geschäfte geboren; es schien mir, als hätte ich nie in einem andern Verhältnisse als diesem leben wollen.*[34] Gruner war es, der Fröbel zur Beschäftigung mit Pestalozzis Schriften anregte. Fröbel war fasziniert und wollte in den Herbstferien nach Iferten reisen. Aber seine finanziellen Mittel reichten nicht aus. Kulisch war Hauslehrer bei der Familie von Holzhausen, eines begüterten und angesehenen Frankfurter Adelsgeschlechts, gewesen und führt nun auch Fröbel

Frankfurt, um 1820

dort ein. 1807 schreibt dieser dem Bruder: *Mein mich im Ganzen doch glücklich leitendes Geschick machte mich mit Frau von Holzhausen bekannt, einer Dame, die man kennen muß, um ihren einfach und hellen, ihren umfassenden und durchdringenden Verstand, ihre edle hohe Seele, ihre hehre Würde als Weib und Gattin, und bei allem diesem ihre Anspruchslosigkeit gehörig zu würdigen ... Ich lebte jetzt gleichsam auch außer mir, indem mir das reine Sein der Freundin verschönt und verherrlicht mein eigenes Wesen zurückgab.*[35] In Krumbeck hatte Fröbel erlebt: ... *aus der Natur strahlte mir wie aus einem klaren See verschönt mein eigenes Leben zurück.*[36] Nun hieß es: *Mein bisheriges stilles, ungestörtes Leben in mir hatte mir nun das höchste Leben außer mir bereitet. So bildete ich mich erst bis auf einen bestimmten Grad in der leitenden Gesellschaft der wohlwollenden Freundin und ging dann zu Pestalozzi.*[37] Fröbel wanderte zu Fuß nach Iferten. Auf dem Rückweg benutzte er den Postwagen. Für die Kosten kam Frau von Holzhausen auf.

Der vierzehntägige Besuch in Iferten konnte auf Fröbel nur beeindrukkend, nicht klärend wirken. *Was ich sah, wirkte erhebend und niederdrükkend, erweckend und betäubend auf mich.*[38] Das 1804 bezogene Erziehungsinstitut Pestalozzis auf Schloß Iferten ist bereits durch erste Spannungen zwischen den beiden Schülern Pestalozzis, Niederer und Schmid, gekennzeichnet. Johannes Niederer (1779–1843) war Schelling-Anhänger. Pestalozzi erhoffte sich von ihm eine weitere philosophische Klärung und Begründung seiner Elementarmethode. Schmid (1786–1850) hingegen war selbst Zögling bei Pestalozzi gewesen und wurde in Iferten sein Mitarbeiter; für Pestalozzi beeindruckend waren Schmids mathematische und didaktische Fähigkeiten. Fröbel schloß sich Schmid an, weil er hier Wesensverwandtes spürte. In der Rückschau 1828/29 äußert er sich aber insgesamt kritisch zum Lehrplan der Anstalt: *Das Nachteilige des Lehrplans ... lag meiner Meinung nach in seiner Unvollständigkeit und Einseitigkeit. Mehrere, zur allseitigen und harmonischen Entwicklung des Menschen ganz wesentliche Lehr- und Unterrichtsgegenstände erschienen mir viel zu sehr zurückgedrängt, zu stiefmütterlich behandelt und zu unvollkommen bearbeitet zu sein.*[39] Die Lehrgänge in Rechnen, Zeichnen, Erdkunde, Naturgeschichte (Pflanzenkunde) bezeichnete er als *betäubend*, *mechanisch* und *unvollkommen. Auch im Sprachunterricht trat mir das Willkürliche und Unproduktive überall zu stark entgegen.*[40] Dennoch sieht er den Ansatz der Elementarmethode Pestalozzis, vom «Gang der Natur», von einer entwicklungsgemäßen Unterrichtsmethode auszugehen, als gültig an. *Der Unterricht muß das Kind mit eigenen, von dem Kinde selbst gemachten Erfahrungen bereichern, durch die richtige Entwicklung der in dem Kinde selbst schon liegende Anschauungs-, Auffassungs- und Darstellungskunst.*[41] Aber: *Sie, die Pestalozzianer, zersplittern, zerteilen alles, töten die Natur und setzen aus den Teilen ein Präparat zusammen.*[42] Ganz offensichtlich wirken hier Eindrücke, das Ganzheitserlebnis von Natur in seiner Jugend nach, wohl noch mehr die Lektüre von Arndts 1805 erschienenen «Fragmenten der Menschenerziehung» im Frühjahr 1806.[43] Denn Arndt verstand Erziehung als möglichst freies Entwickelnlassen eines Organismus, eines lebendigen Ganzen. Gerade dies aber sah Fröbel im unterrichtsmethodischen Gang Ifertens meist nicht gegeben.[44] Das Buch Arndts wird Fröbel zur *Bibel der Erziehung*[45]. Nicht durch Schelling, wohl aber ahnungshaft bei Novalis und bewußt aus Arndts «Fragmenten» übernimmt Fröbel einen zentralen Gedanken romantisch-spekulativer Naturphilosophie: Der Kosmos ist lebendiger Organismus, dem der Mensch als Organismus mikrokosmisch gegenübersteht und diesen in sich abbildet. *All unser Wissen muß von der Erfahrung ausgehen, jedoch Erfahrung entsteht durch das Auffinden der äußeren Welt in dem inneren Sein des Menschen (Auffinden des Makrokosmos im Mikrokosmos).*[46] Dieser Gang nach Innen, von Novalis lyrisch-literarisch vollzogen, von Schelling als objektiver Idealismus und als Einheitsphilosophie transzendentalkritisch-spekulativ entfaltet, wird von Fröbel ins Autodidaktisch-Pädagogische gewendet, philosophisch im *Sphäregesetz* von 1811, erziehungstheoretisch in der *Menschenerziehung* von 1826 formuliert. Die Grundlagen zum *Sphäregesetz* wie zur pädagogischen Konzep-

Johann Heinrich Pestalozzi Stich von H. Pfenniger, um 1781

tion der *Lebenseinigung* jedoch beginnen sich in der Frankfurter Zeit herauszubilden, nicht zuletzt in der Auseinandersetzung mit Pestalozzi. Pestalozzi hat jedoch noch in anderer Weise auf ihn gewirkt: *Seine Morgen- und Abend-Betrachtungen waren in ihrer Einfachheit erregend.*[47] Die immer noch latent wirksame biblische «Steinsprache» des Vaters und das gefühlshaft aufgenommene Creditiv der Patin werden nun unterstützt durch eine bewußt christologisch argumentierende Gläubigkeit.

Doch zunächst kehrte Fröbel an die Musterschule in Frankfurt zurück. Die Arbeit in seinen Unterrichtsfächern Rechnen, Zeichnen, Erdkunde und deutsche Sprache[48] befriedigte ihn zwar sehr, und er beteiligt sich an der weiteren Entwicklung der Musterschule durch vielfache Anregungen, so unter anderem durch den Entwurf einer Schulordnung.[49] Aber daneben war er bereits gebunden durch den engen Kontakt mit Frau von Holzhausen. Gleiche geistige Interessen und der gemeinsame Glaube an Pestalozzis pädagogische Reform brachten eine Seelenverwandtschaft zustande, die Fröbel immer stärker an den Kreis der Familie von Holzhausen band. Die damals 31 Jahre alte Caroline von Holzhausen, Mutter von vier Kindern, war um die Erziehung ihrer drei Söhne sehr besorgt. Insbesondere der elfjährige Carl hatte *schon alle Eigenschaften der adeligen feinen Welt auf- und angenommen ... wie Gedankenlosigkeit, Oberflächlichkeit ... Halsstarrigkeit, grobe Eitelkeit, grobe Sinnlichkeit*[50]. Den acht Jahre alten Fritz kennzeichnete – so Fröbel – *ein sehr hoher Grad von Gutmütigkeit, aber auch eine große Schwäche der Geisteskraft, Gedankenlosigkeit*[51]. Dem sechsjährigen Adolph hingegen war noch *unverdorbener Sinn, reines Herz und ein kraftvoller Geist eigen*[52]. Caroline wünschte Fröbel als Erzieher ihrer Kinder. Auch die vierjährige Sophie sollte in den Erziehungsplan einbezogen werden. Fröbel schwankte. Eine Hauslehrerstelle führte zwar zu einer intensiven Bindung an die Familie und ermöglichte vielfache Kontakte und die Aufnahme wichtiger gesellschaftlicher Beziehungen, konnte jedoch im Gegensatz zu seiner Anstellung als Lehrer zu einem hohen Grad der Abhängigkeit führen. Nach der Rückkehr aus Iferten hatte Fröbel zunächst mit Gruner einen Dreijahresvertrag abgeschlossen. Mit Gruner sprach er über die Bitte Caroline von Holzhausens, und dieser meinte: *Sie werden alles verlieren, was Sie suchen und erwarten.*[53] Fröbel war der Meinung, Georg von Holzhausen als gebildeter und gesellschaftlich gewandter Weltmann werde ihm bei seinem Erziehungsplan nicht nur freie Hand lassen, sondern ihn unterstützen. Nun setzte Fröbel *zwar zwei Hauptforderungen durch: Die eine war, daß ich nie verpflichtet sein sollte, mit meinen Zöglingen in der Stadt zu wohnen, daß mit meinem Eintritt die Zöglinge mir ganz frei übergeben, auf das Land folgen und dort einen eignen in sich ganz abgeschlossenen Kreis bilden sollten, und daß mit dem Zurückführen der Zöglinge in das Stadtleben meine Erzieher-Verbindlichkeit aufhöre.*[54] Aber er erkannte doch auch sehr rasch, daß er nicht die Aufgaben des Vaters ersetzen könne und daß Georg von Holzhausen sowohl seinem Erziehungsplan als auch seinen eigenen erzieherischen Vaterpflichten gleichgültig gegenüberstand. Wie viele Enttäuschungen Fröbel erfuhr zeigt eine Bemerkung von 1826 in der Wochenschrift: *Die Erziehenden Familien*: *Wie einzeln, allein und abgeschieden stand und steht in den gewöhnlichen und der Zahl nach bei weitem alles überwiegenden Fällen der Erzieher sowohl in Hinsicht auf seine Zöglinge, der Zöglinge zu ihm als auch ganz besonders zu der Familie seiner Zöglinge selbst; wie tot und zerstückt, ohne alle lebendige, unverkümmerte*

Die Öde in Frankfurt a. M. Gemälde von Hans Thoma

Beziehung auf die Kräftigung, Entwicklung und Ausbildung des Höchsten im Menschen steht all sein Tun! [55] Fröbel mußte einen unvernünftigen oder gleichgültigen Vater erleben [56], der ihn auch fühlen ließ, daß er in seinem Dienste stand: *Meine Furcht, mein Abscheu, mein Selbstbezwingen, mein Gefühl der Unwürdigkeit des Behandeltwerdens von ihm, meine Freude des Entferntseins von ihm ... Ich, der ich erwartete, als Mensch und Denker gleichgeordnet zu werden, wurde nun Diener, Untergeordneter.* [57]

Fröbel wird am 24. Juni 1806 Hauslehrer. Er bezieht mit den vier Kindern das Landhaus Auf der Öde vor dem Eschernheimer Tor und verwirklicht damit sein Konzept eines pädagogischen Landlebens, in das Gedanken Rousseaus und eigene Erfahrungen und Einsichten eingeflossen sind. Von besonderer Bedeutung wurde für Fröbel die Schwangerschaft Caroline von Holzhausens 1806.[58] *Der Eindruck ... wirkte schlagend, ich möchte sagen magisch auf mich, denn diese Frau, zwar bisher als Frau und Mutter und meine Freundin von mir hochgeachtet, trat nun als von neuem hoffende Mutter in ganz verklärter Gestalt vor mich. Sie wurde mir gleichsam ein höheres, geistigeres, edleres Wesen ... Kurz zuvor hatte ich an*

Porträt Fröbels

meinen Bruder geschrieben[59]*: die Idee der Erziehung sei, das urbildliche Ideal des Menschen in einem Menschen darzustellen. Dieses hatte ich gleichsam in der Wirklichkeit vor mir erscheinen sehen.*[60] Für die 1807 geborene Caroline gestaltet Fröbel 1808 eine Geburtstagsfeier, von der er 23 Jahre später sagt, sie drücke *bildlich noch jetzt meine höchste Idee und meine reinsten Gedanken vom Familienleben aus. Grünende, blühende und duftende Stubengewächse bildeten auf großen Tischen in dem Eckraum eines Zimmers, ihre Töpfe künstlich bedeckt, einen Garten, in dessen Mitte ein freier, grüner Raum und in demselben ein rundlich erhabenes*

Beet, in welchem eine vielknospige Lilie stand. Dabei lag eine mit guter Erde gefüllte Wanne umgestürzt und eine Gießkanne in der Lage des Besprengens, Begießens. Ein Sonnenstrahl fiel aus einem Gewölk auf die Lilie vom Himmel herab, und in diesem Gewölk traten gleichsam durch die Brechung des Sonnenlichtes die Worte Gottes Garten hervor[61] – dies ist die Vorlage für die Titelvignette (Deckzeichnung) der *Menschenerziehung*, der *Erziehenden Familien* und des *Sonntagsblatts*. Ohne daß Jesus direkt erwähnt wird, deutet sich hier doch die dann später breit entfaltete religiös-christliche Begründung der *Menschenerziehung* an. Denn seit der Lektüre von Arndts «Fragmenten» geht es Fröbel ja um «Menschenerziehung» als ein Darstellen *des urbildlichen Ideals des Menschen in einem Menschen*[62]. Das urbildliche Ideal aber ist Jesus.[63] Darauf deutet auch der Begriff «Gottes Garten», also das Paradies als die durch Christus entsühnte Welt – eine erste ahnungshafte Vorwegnahme des «Kindergartens» von 1840. Die Beziehung zu Caroline von Holzhausen, der Mutter seiner Zöglinge, blieb bis 1811 freundschaftlich eng. Fröbel sah in der Seelenfreundin die geistig-erzieherisch Gleichgesinnte, aber auch ein Ebenbild der verlorenen Mutter.

Fröbel versuchte in den zwei Jahren seiner Hauslehrertätigkeit bis hin zu seinem zweiten Aufenthalt in Iferten zugleich sich selbst zu bilden und seine Zöglinge zu erziehen. Er las viel, Jakob Böhme, Schillers «Don Carlos», Goethes «Tasso», Herders «Ideen zur Philosophie der Geschichte der Menschheit», insbesondere Erziehungsschriften von Sailer, Jean Paul[64], Herbart, Schwarz und Salzmann. *Ohne die Bücher von und über Pestalozzi. Fichte, fast sämtliche Werke, Kant, Krug.*[65] Er läßt sich Auszüge anfertigen.[66] Ihn beschäftigt der Plan einer *Encyklopädischen Tabelle alles Unterrichts und aller Unterrichtsgegenstände in der organischen Verbindung und bedingten absoluten Abhängigkeit von einander, abgeleitet vom absolut einzigen, im Sein und Wesen des Menschen, in der Erscheinung des Menschen und mit dem Erscheinen des Menschen auf der Erde gegründeten Prinzip*[67]. Seine Zöglinge gewöhnt er durch Wanderungen, Gartenarbeit, Körperübungen, Papier, Papp- und Holzarbeiten und durch Spiele an natürliche Beschäftigungen.[68] Die erzieherischen Schwierigkeiten waren zwar erheblich, aber es gelang Fröbel schließlich, durch verständnisvolle und kontinuierliche Teilnahme am Leben seiner Zöglinge diese enger an sich zu binden. – Die eigene Weiterbildung gipfelte in einem Plan, den er im März/April 1807 seinem Bruder brieflich vortrug. Dieser Plan geht von einem einjährigen Studium möglichst vieler Wissenschaften und einer anschließenden einjährigen Tätigkeit bei Pestalozzi in Iferten aus, um dann die Gründung einer Erziehungsanstalt anzustreben.[69] Doch dieser Plan zerschlägt sich. Fröbel beschließt, mit seinen Zöglingen nach Iferten zu gehen.

Bei Pestalozzi

Die Reise nach Iferten wurde am 27. September angetreten; Georg und Caroline von Holzhausen begleiteten ihre drei Söhne und Fröbel zu Pestalozzi. Was veranlaßte Fröbel, auf seinen Plan vom März/April 1807 zu verzichten und zusammen mit seinen Zöglingen nach Iferten zu gehen und dort in der Doppelrolle als Schüler Pestalozzis und als Lehrer seiner Zöglinge zu leben? Die Schwierigkeiten mit seinen ältesten Zöglingen, insbesondere mit Carl, waren keineswegs überwunden und das Unverständnis Georgs von Holzhausen konnte Fröbel eigentlich auch nicht zum Bleiben bewegen. Nun, entscheidend war, daß Fröbel die volle erzieherische Verantwortung übertragen erhielt und daß Caroline von Holzhausen ihn umstimmen und dazu bewegen konnte, zu bleiben. Die Frankfurter und Ifertener Zeit spiegelt sich in ausführlichen Briefen Fröbels an seinen Bruder Christoph. So schreibt er am 3. Mai 1807 von seinem Entschluß, *noch einige Jahre in meinem jetzigen Verhältnisse zu leben und dann erst meinen Plan ... auszuführen.* Gründe für seinen geänderten Lebensplan werden genannt: *1. Veränderten sich nun meine Verhältnisse, so wie ich längst gewünscht und woran ich immer gearbeitet hatte, daß nämlich nur ich Erzieher meiner Zöglinge wurde, und nicht auch mehr oder weniger die Anverwandten, deren Einwirkungen im Durchschnitt dreimal so viel schaden, als der Erzieher gutzumachen imstande ist. Die Art und Weise der Erziehung wurde mir nach der letzten Krise überlassen ... 2. Die ausgezeichnete herzliche Liebe meiner Zöglinge zu mir, die besonders bei den beiden jüngsten so innig, so kindlich ist, als nur die reine Liebe eines Kindes zu seinem Vater immer sein kann ... 3. Da in den Verhältnissen, in denen meine Zöglinge leben, gemäß unaussprechlich viel sie Ruinierendes und Verderbendes auf sie einwirkt, dem sie unmöglich widerstehen ... so hat mich die Mutter meiner Zöglinge sehr gebeten, die Erziehung ihrer Kinder nicht aufzugeben, sondern sie soweit als nur immer möglich zu beendigen, und ich bekenne Dir ... daß die Erkennung des hohen Zutrauens, der hohen Achtung meiner und der Würdigung als Erzieher, welches mir durch die herzvolle Bitte der Mutter wurde, mich sehr bestimmte, die angefangene Erziehung wenigstens so lange als möglich fortzusetzen.*[70] Fröbel erkennt

Iferten (Yverdon). Kolorierter Stich von J. L. Aberli, um 1770

nun immer mehr im Sinne Rousseaus die Gefahr der Entfremdung menschlich ursprünglicher Güte und Vertrauens durch gesellschaftliche Sitten. Es wird ihm bewußt, daß ein durch verständnisvoll-erzieherisches Bemühen gekennzeichnetes Familienleben die beste Basis für die Entwicklung des heranwachsenden Menschen bildet. Das Wissen um die Möglichkeiten beim Heranwachsenden bildet die Voraussetzung erzieherischen Einflusses. Dieses Wissen setzt aber Kenntnis, Einsicht, also den kontinuierlichen, vertrauensvollen und aufgeschlossenen Umgang der Eltern mit dem Kind voraus. Fröbel sieht sich daher nun immer mehr in der Rolle des Vaters. Gleichwohl steht er gleichbleibenden Schwierigkeiten gegenüber, da Georg von Holzhausen immer wieder versucht, auf seine Söhne Einfluß zu nehmen. *Alles mein Hoffen, mein Handeln scheint umsonst zu sein; er* (Carl) *entwickelt sich zum Bemitleiden erbärmlich. Aber wie soll es wirken? Der Knabe hat keinen Vater, aber eine Person in Mannesgestalt steht da, die sich Vater nennt und heimlich, ohne daß ich es oft ahne und weiß, alles niederreißt, was ich baue*[71], klagt er noch am 5. Juni 1808. Und im September 1807 spricht er von seinem Erziehungsgeschäft ... *das, in den Hauptsachen von den drückendsten Verhältnissen, widrigsten Umständen und absurdesten Meinungen beschränkt, dem sogar entgegengewirkt wird, die Knaben zum Gegenstand hat, deren tiefe Verdor-*

benheit sich täglich immer mehr entwickelt, ob ich gleich nichts weniger sagen will als daß sie bösartig wären, dies sind sie nicht, aber sie sind nur so unglaublich schwach zum Guten[72]. Ein Aufenthalt in Iferten nun, so Fröbels Überlegung, könnte ihn persönlich weiterbilden, zugleich aber seine Zöglinge dem Einfluß des Vaters entziehen. Die Lektüre von Erziehungsschriften in der Frankfurter Zeit hat Fröbels Auffassung über Pestalozzis Methode kritischer werden lassen. Dem Bruder schreibt er: *Nur der Unterricht im Geiste Pestalozzis ist der einzig wahre naturgemäße ... Aber auch der Geist hat seine bestimmten Formen, durch welche er sich entweder einzig oder durch welche er sich am besten ausspricht ... daher muß man mit Verwerfung oder Verbesserung der Pestalozzischen Formen sehr behutsam und sehr prüfend zu Werke gehen.*[73] Diese Kritik bezieht sich auf die Kritiker des elementarmethodischen Ansatzes von Pestalozzi und auf die Form, nicht aber auf den Grundaspekt von Pestalozzis Methode, Verstandeskategorien durch eine elementenhafte Zahlen-, Form- und Wortlehre aufzubauen. Bereits im Herbst 1806, noch unter dem Eindruck des ersten kurzen Aufenthalts in Iferten, hatte er an den *Pestalozzianern*, an den Mitarbeitern Pestalozzis in Iferten Kritik geübt; *sie töten die Natur.* Im Kind selbst liege das «ABC der Anschauung», die richtige *Anschauungs-, Auffassungs- und Darstellungskunst. Folgerung: Mathematik ist im allgemeinen Sinn die Kunst, das richtig Angeschaute, Aufgefaßte mit scharfen Beweisen des richtigen Verfahrens ... selbst freitätig darzustellen. Dieser «dunkel gefühlte» Begriff ist Ursache, warum man sagt, die Pestalozzische Methode wolle alles auf Mathematik, Anschauung, Formen, Formeln zurückbringen. Dies ist aber nur der idealisch von Pestalozzi selbst noch nicht erkannte naturgemäße Unterrichtsgang.*[74] Pestalozzis Gedanke der naturgemäßen Entwicklung des Kindes durch die Methode ist also für Fröbel im Ansatz prinzipiell richtig. Die Elementarmethode wird ihn bis in die Spielgaben- und Kindergartenphase seines Lebens beschäftigen. Sie kann noch in seinem letzten größeren Werk, in den *Mutter- und Koseliedern* (1844) nachgewiesen werden.[75] Aber: Fröbel erkennt die Gefahr der Interpretation einer naturgemäßen Entwicklung durch die Methode. Nicht die Methode soll die kindliche Entwicklung bestimmen, sondern sie hat sich vielmehr der Entwicklung anzupassen. Die elementartheoretische, «mathematische» Fassung der Methode, des Unterrichtsganges ist also nicht Vorlage für das konkrete methodische Vorgehen, für Unterrichtspraxis: Diese hat vielmehr die Theorie auf die Erfahrungen der Kinder zu beziehen, genauer: aus den kindlichen Erfahrungen deren theoretische, elementarmethodische Substanz herauszuholen. Dies erläutert eine Äußerung Fröbels von 1831: *Es ist das große Vorrecht einer Naturgestalt, eines Naturlebens, daß es Gleiches und Vollkommenheit in sich, Ungleichheit und Unvollkommenheit in der Erscheinung, in dem Einzelnen haben darf; sehen Sie den schönsten blühenden Obst- und Apfelbaum, die lieblichste Rose, die reinste Lilie, und das Auge wird immer noch Mängel, Unvollkommenheiten, Ungleichheiten an ihnen als Erscheinung und im Einzelnen derselben, in der einzelnen Blüte, oder im einzelnen Blatte derselben entdecken; wo mathematische Gleich- und Ebenmäßigkeit ist, da ist auch der Tod.*[76] Die Schwierigkeiten Fröbels mit Pestalozzis Methode zur Frankfurter und Ifertener Zeit ergaben sich aus der Unklarheit, welche theoretische Begründung das Künstliche und Mechanische der elementarmethodischen Unterrichtspraxis zugleich kritisieren und doch den Ansatz bejahen lasse, ja tiefer begründen könne. Diese Begründung gelingt ihm erst mit der transzendentalkritisch-spekulativ gewonnenen Einheitsphilosophie des sphärischen Gesetzes (1811). Die Idee einer Identität von Mikro- und Makrokosmos bei Novalis und Böhme und der Organismusgedanke Arndts reichten hierfür 1808 noch nicht aus. Der zweite Ifertener Aufenthalt Fröbels, der zwei Jahre dauern sollte, ist bestimmt durch ein intensives Kennenlernen und beginnende Distanzierung von der Pestalozzischen Anstaltspraxis. Fröbel erlebt die Erziehungsanstalt Pestalozzis 1808 auf dem Höhepunkte ihres internationalen Ruhms. Sein Weggang Mitte August 1810 hingegen fällt in eine Zeit tiefster Zerrissenheit und innerer Spannungen. Diese Spannungen sind bestimmt durch die unterschiedlichen Charaktere Niederers und Schmids. Pestalozzi hatte die Landesbehörde gebeten, eine Beurteilung der in Iferten praktizierten Methode vorzunehmen und erhoffte ein günstiges Ergebnis. Niederer war für, Schmid gegen eine entsprechende Überprüfung. Der Bericht des Sachverständigen Girard fiel negativ aus. Daraufhin verschärften sich die Spannungen zwischen dem praktischen Reformer Schmid und Niederer. Fröbel stellte sich mit einem Teil der Lehrerschaft auf die Seite Schmids, dessen Leistungen im Bereiche einer weiteren unterrichtspraktischen Klärung der Elementarmethode er anerkannte, während er Niederers spekulative Interpretation der Elementarmethode wegen ihrer geringen Bindung an Erfahrung ablehnte. Pestalozzi unterstützte Niederer. Ein Teil der Lehrerschaft, die Partei Schmids, verließ im Verlaufe des Jahres 1810 Iferten. Schmid selbst ging im Juli. Ihm folgte Fröbel, nachdem er Georg von Holzhausen gebeten hatte, die Zöglinge zurückzurufen, denn die Anstalt sei *durch den Abgang mehrerer Lehrer, durch die Trennung der Parteien, die Einwirkung des Ehrgeizes und das Versagen der Liebe seit Monat Februar mit einem Male so außerordentlich im Sinken*[77]. Pestalozzi versuchte Fröbel auf seine Seite zu ziehen. Es kam zum Konflikt. Pestalozzi erinnerte Fröbel daran, was er ihm schuldig sei. Fröbel konnte diese Art von Bindung nicht akzeptieren und schrieb ihm: *Ich habe, Herr Pestalozzi, bei mir das Ganze überdacht: und ich kann auch in Zukunft unmöglich anders handeln, als ich bisher handelte. Ich bin ein freier Mann; ich bitte Sie, Herr Pestalozzi, als solchen mich meiner Überzeugung gemäß handeln zu lassen ... Lohn verlange ich durch mein Handeln mir nicht zu erwerben, sondern bloß die Überzeugung, nicht gegen meine Würde gehandelt zu haben. Übrigens sage ich noch, daß ich bald von hier abgehe –*[78]. Im Juli 1808 hieß es noch: *Wie Sturmwind ergriff's mich, ich wurde beinahe getragen zu dem, was ich nun wollte.*[79] Und an Pestalozzi schrieb er damals: *Sehnend erwarte ich die Zeit, welche mir Gelegenheit geben wird, Ihnen, hochverehrter Herr Pestalozzi, teuerster Vater, die unbegrenzte tiefe Verehrung persönlich betätigen zu können, die mein ganzes Sein für Sie erfüllt.*[80] Drei Monate nach der Ankunft heißt es: *Was man im allgemeinen von der Pestalozzischen Unterrichts-, geschweige von Pestalozzis Erziehungsmethode weiß, ist nichts, ist Schatten gegen das, was man jetzt in Yverdun darstellt ...*[81] *Pestalozzi ist mir Ratgeber und Freund und unser aller liebender Vater ... und bei jeder Begegnung ... gibt er mir Beweise seiner vertrauensvollen Liebe und Achtung.*[82] Trotz dem Zerwürfnis hat Fröbel gleichwohl Pestalozzi stets geachtet und ihn später den *Sphärikern*, also den Vertretern der Einheitsphilosophie der Sphäre zugeordnet.[83] Fröbel arbeitet in Iferten intensiv: *Ich arbeite oft bis 2–3 des Morgens und stehe um 6 oder 7 schon wieder auf.*[84] Entwürfe und Nachschriften zur «Formenlehre», zur «Entwicklung des Bemerkens und Darstellens im Kinde», über «Grundsätze des Sprachunterrichts, und der daraus folgenden Methode des Unterrichts in der Sprache» und «Über den Gang und die Art des Sprachunterrichts» sowie ein Literaturverzeichnis von Büchern der Ifertener Bibliothek werden gefertigt.[85] Fröbel will aber nun nicht nur eine vertiefte Einsicht in die Methode gewinnen, sondern auch für deren Verbreitung sorgen. *Namenlos drängt und treibt es mich, in einem größeren, weit eingreifenderen Kreis aufzutreten und durch Tat und Kraft für die gute Sache zu handeln, allgemein und öffentlich zu beweisen.*[86] Fröbel arbeitete im April 1809 eine Denkschrift zu Pestalozzis Elementarmethode aus[87], die er seiner Landesfürstin, der Fürst-Regentin Karoline von Schwarzburg-Rudolstadt im Mai zusandte, verbunden mit der Bitte, Pestalozzis Methode in den Schulen des Landes einzuführen und *einige fähige junge Männer* nach Iferten zur Ausbildung als Lehrer zu senden.[88] Auch dem Bruder sendet er Schriften zur Elementarmethode mit der Bitte, diese an Bekannte weiterzugeben und in Predigten auf den *Volksfreund* Pestalozzi hinzuweisen sowie einen Lehrer in Ober-Ilm für einen Versuch mit Pestalozzis Methode zu gewinnen. Enthusiastisch fügt er hinzu, er wolle *kein Mittel ... unversucht lassen, meine Landsleute über Pestalozzis Wollen zu belehren*[89]. Im Mittelpunkt der Denkschrift steht eine nicht unkritische, aber doch positive Analyse des «Buchs der Mütter» – jener umstrittenen Schrift von Pestalozzi und Krüsi über die Kleinkindererziehung, auf der sich dann der schulische Unterricht aufzubauen hat. Fröbel stellt im Begleitschreiben fest (und kritisiert damit Pestalozzis Position): *Pestalozzis Grundsätze der Erziehung gehen nicht von dem absoluten Sein des Menschen aus, und seine Methode stellt nicht dieses absolute Sein des Menschen zum obersten Grundsatz auf. Aber Pestalozzis Grundsätze sind dem höchsten absoluten Sein angemessen.*[90] Fröbel vermag seine Erziehungskonzeption noch nicht zu entwickeln. Aber der apriorisch-spekulative Ansatz ist ihm ein Kriterium, um Pestalozzi als Empiriker festzulegen: *Ich erkannte schon klar den Unterschied zwischen Pestalozzi und mir, daß Pestalozzi den Menschen nehme, wie er auf der Erde erscheine, in seiner Erscheinung als nur da seiend, ich aber den Menschen in seinem ewigen Wesen, in seinem ewigen Sein*[91] – heißt es zwanzig Jahre später. Er spricht vom *Mangel an innerer Einheit und Notwendigkeit* in Iferten.[92]

Die Denkschrift blieb ohne Wirkung, und auch sein Bruder Christoph vermochte Fröbel keine ermutigenden Ergebnisse mitzuteilen. Die kritischen Überlegungen zum «Buch der Mütter» faßt Fröbel in einem Schreiben an Caroline von Holzhausen zusammen: *Pestalozzis Unterrichtsmethode ist wahr ... aber sie hätte zur größten Unwahrheit, zum häßlichsten Unsinn werden können, wenn man sie so, wie sie uns Pestalozzi gab, gleich auf das früheste Alter angewendet hätte. Dasjenige, was uns Pestalozzi wirklich als Unterrichtsmittel gibt, Zeichnen, Formen- und Größenlehre, Kopfrechnen, Nägelis Gesangunterricht, darf nicht früher als höchstens im achten Jahr gegeben werden und muß auf jeden Fall durch einen früheren lebendigeren, natürlicheren, kindlicheren Unterricht begründet werden, welchen ich den ersten Unterricht nennen will. Dieser muß die Quellen alles künftigen Unterrichts enthalten, und jeder einzelne Unterrichtsgegenstand, die Elemente jeder einzelnen Wissenschaft müssen spiegelrein und klar und lebendig aus ihm hervorgehen.* Fröbel entwickelt dann die Leitlinien für den *ersten Unterricht in der plastischen Kunst (Zeichnen, Malen, Bildhauen): Lasse das Kind durch Linien, durch Materie, kurz, durch was es will, nachbilden, was es sieht! Dieser Satz ist noch rohe ausgesprochen; es muß auch zugleich noch eine gewisse Reihenfolge gegeben werden.*[93] Damit wird das «ABC der Anschauung», die intellektuelle Schulung als das Zentrum der Elementarmethode Pestalozzis ergänzt durch ein «ABC der Kunst», durch einen elementaren Unterricht des Könnens, des dinghaften Gestaltens. Dabei fällt auf, daß Fröbel hier völlig den lehrend-leitenden Aspekt zugunsten freien Gestaltens ausklammert. Wenig später entwickelt er in einem Brief an Georg von Holzhausen Aspekte einer Art Arbeitsunterricht für die Holzhausen-Söhne. Dabei unterscheidet Fröbel *neben dem Unterricht durchs Wort das Beschäftigen und Belehren durch Arbeiten ... durch Tun, um so die physische Kraft frei zu üben, zu stärken, auszubilden und frei gebrauchen zu lernen. Dazu gehöre das Sammeln,*

Ordnen, Kennen- und Beschreibenlernen von Naturkörpern, Steinen, Pflanzen, Insekten, das Arbeiten in kleinen Gärten, das Beschäftigen mit sogenannten mechanischen Arbeiten, welches jedoch oft dem Geiste viele Gelegenheit zum Nachdenken gibt, z. B. Schreinern, Drehen, das Besuchen der Werkstätten der Handwerker, kleine Reisen.[94] Rousseausche Aspekte vermischen sich mit eigenen Erfahrungen und führen zum Aufbau eines Unterrichtsgebietes, das dann in Keilhau praktiziert werden sollte.

Der Konflikt zwischen Fröbel und Pestalozzi hatte Folgen im Verhältnis zur Familie Holzhausen. Caroline von Holzhausen machte Fröbel Vorwürfe; Georg von Holzhausen hingegen stimmte dem Vorschlag Fröbels zu, mit den Zöglingen von Iferten wegzugehen. Fröbel rechtfertigte sich[95] und bat Herrn von Holzhausen, nach der Rückkehr der Zöglinge nach Frankfurt deren Erziehung einem *vollkommeneren, kenntnisreicheren Manne* zu übertragen.[96] Am 13. Juni hatte Fröbel seine Dienste der Fürst-Regentin zu Schwarzburg-Rudolstadt angeboten und um eine Anstellung an der Schule in Stadt-Ilm als Lehrer gebeten, um dort die Methode Pestalozzis zu erproben. Zugleich entwickelte er einen modern anmutenden Reformplan, der von Richtlinienverordnungen ausgeht, aber es den einzelnen Schulen überläßt, ihren spezifischen Lehrplan selbst zu entwickeln.[97] Auch dieser Vorschlag fand keine Beachtung, so daß Fröbel nach Frankfurt in das Haus Auf der Öde zurückkehrte.

Göttingen – Die Sphäre

Das Ergebnis der Frankfurter und Ifertener Zeit nimmt sich zunächst dürftig aus. Das Berufsziel ist noch keineswegs eindeutig sichtbar. Fröbel schwankt bis 1816 noch zwischen den Auffassungen, Menschenbildung geschehe als wissenschaftliche Einsicht oder Menschenbildung sei konkretes Erziehen, genauer, er setzt jeweils verschiedene Akzentuierungen dieses Verhältnisses. Göttingen und Berlin, diese beiden erneuten Studienabschnitte in seinem Leben, führen ihn zu wissenschaftsspezifischen Einsichten im Bereich der Naturwissenschaften, insbesondere im Bereich der Kristallographie. Diese Spezialisierung wiederum steht in Zusammenhang mit der vorausgehenden Erarbeitung einer philosophischen Position, der Einheitskonzeption der «Sphäre». Aber diese philosophische Position liegt am Ende des Jahres 1810 keineswegs eindeutig fest; sie beginnt sich erst abzuzeichnen. Und sieht man von der zu Lebzeiten Fröbels nie veröffentlichten Denkschrift zu Pestalozzis Methode einmal ab, so findet sich keine weitere eigenständige Arbeit größeren Umfangs. Fröbels Auseinandersetzung mit Pestalozzis Elementarmethode hat zwar bereits 1806 begonnen, sie konnte jedoch entscheidend erst dann zu Ende geführt werden, wenn eine prinzipielle Überprüfung möglich war. Diese aber wiederum setzte die Philosophie der Sphäre voraus.

Fröbels berufliche Zukunft ist nach dem Weggang von Iferten zunächst unklar. Georg von Holzhausen hat er zu verstehen gegeben, daß er dessen Söhne nicht mehr zu betreuen beabsichtige.[98] Das Angebot an die Fürst-Regentin von Schwarzburg-Rudolstadt, in Stadt-Ilm eine Pestalozzi-Versuchsschule einzurichten, wird nicht beachtet. Einem Brief an seinen Schwager Pfarrer Müller in Döllstädt legt er ein Schreiben an dessen Bruder in Züllichau bei, das auf eine Stelle am dortigen Waisenhaus abhebt.[99] Aber auch dieses Projekt kommt nicht zustande, weil Fröbel in jedem Falle zu studieren beabsichtigte. Weiterbildung war auch im Brief an die Fürst-Regentin vom 13. Juni 1810 ein Teil der geplanten reformerischen Tätigkeit in Stadt-Ilm und im Lande. Er stellt fest, daß er an der Versuchsschule *keineswegs als eigentlicher Lehrer angestellt würde, wohl aber die Erlaubnis erhielte, unter fortlaufender strengster, höchster und*

Die Universitätsbibliothek in Göttingen. Anfang des 19. Jahrhunderts

öffentlicher Prüfung, täglich einige Stunden, gleichsam als Gehilfe, Unterricht zu geben, die übrige Zeit aber zu meiner eigenen Aus- und Fortbildung und zur Ausarbeitung noch übriger Unterrichtsgegenstände anwenden dürfe.[100] Der Plan vom April 1807[101], der wiederum auf das Lebenskonzept von 1805[102] zurückgreift, strebte wissenschaftliche Bildung an. *Unabhängig und frei vom Schicksal und Menschen ist aber nur der Mann, der sich gründlich systematisch und streng wissenschaftlich bildet, in welchem Fach und in welcher Wissenschaft es immer sei... Nach diesem habe ich das Ziel, wo ich Unabhängigkeit und Freisein zu finden hoffte, dahingesetzt, wo ich gründlich systematischer Mathematiker und Physiker bin und hauptsächlich, wo ich des Namens eines Mathematikers würdig bin.*[103] Dies ist der Standpunkt Fröbels, der sich 1805 noch mit dem Baufach identifizierte, der zwar bereits bei Gruner unterrichtete, aber dennoch in der Mathematik die eigentliche Wissenschaft als Instrument der Klärung seiner Möglichkeiten sah. Fröbel wiederholt 1807 in einem Brief an Christoph diese Briefstelle, um anzufügen: *Ich weiß noch, wie sehr ich mich dort drehte und wendete, um, der Notwendigkeit nachgehend, doch selbst in der Mathematik für mich das höchste Leben zu finden. Es fehlte mir immer darin (aber) zu auffallend an Leben und sich bewegender Lebenskraft.*[104] Der Nachdruck *für mich* an dieser Stelle fällt auf. Gerade die Begegnung mit Frau von Holzhausen und der erzieherische Umgang mit den Holzhausen-Söhnen läßt ihn erkennen, daß Mathematik als apriorische, axiomatische Wissenschaft nicht ausreicht, um die Erziehung anderer und seine eigene Bildung zu begründen. Pestalozzis Gedanke einer elementar bildenden Methode in Verbindung mit dem von ihm aufgestellten *urbildlichen Ideal des Menschen in einem Menschen* als Bildungsidee[105] läßt ihn 1807 ein breit angelegtes Studium fordern, das *Philosophische Disziplinen, Anthropologie, Physiologie, Ethik, Theoretische Pädagogik*, zum Unterrichtsgebrauch *Sprachkenntnis (Muttersprache), Geschichte, Geographie, Methodik* umfaßt.[106] Begründung: *Zwar gibt es eine empirische Behandlung der Erziehung, welche aus einem richtigen Gefühl und Sinn, gleichsam von der Natur eingegeben, herkommt, doch auch in diesem Fall wird wissenschaftliche Kultur durch Lehre noch viel weiter führen.*[107] Geplant war 1807 ein einjähriges Studium. Doch dauerten diese Studien wesentlich länger – drei Semester in Göttingen, ein Semester Studium und drei Semester Assistenzzeit nebst Begleitstudium in Berlin. Den Aufenthalt in Iferten verstand Fröbel also nicht als Studienersatz. Es überrascht daher nicht, daß er in Göttingen zunächst sein Studium sehr breit anlegt und dem Bruder berichtet, *daß ich Collegia wie die asiatischen Sprachen, daß ich Chemie und Physik, daß ich Mathematik, daß ich vielleicht Astronomie und einige medizinische Collegia, daß ich Naturwissenschaften und klassische Sprachen treibe*[108]. Ein Studium generale also, das ihm ein geradezu polyhistorisch-enzyklopädisches Wissen bringen mußte. Geplant war sogar ein Theologiestudium.[109] Das Studium in Göttingen selbst zeigt einen interessanten Wechsel vom Studium generale über Sprachstudien zu naturwissenschaftlichen, aber nur das anorganische Leben betreffenden Disziplinen wie Chemie, Mineralogie, Physik und Geognostik.[110] Dieser Studienwechsel hängt eng mit dem Aufbau des Sphärengesetzes zusammen, dient dessen weiterer Erforschung und begründet es zugleich.

Fröbel blieb bis Juni 1811 in Frankfurt bei seinen Zöglingen. Zum Bleiben veranlaßt hat ihn wohl seine pädagogische Verpflichtung gegenüber seinen Zöglingen, gewiß auch die Bindung an Caroline von Holzhausen. Dem Bruder schreibt er am 26. Oktober, er wolle sich nun in seiner Hauslehrerstelle *immer mehr persönlich zu vervollkommnen suchen*[111], um dann Carl 1812 auf die Universität zu begleiten. Die fünfunddreißigjährige Caroline sah das Bleiben Fröbels gerne, hoffte sie doch, weiterhin Seelenfreundin, geistig anregende Partnerin zu sein. Was zwischen Oktober 1810 und dem raschen Aufbruch Fröbels nach Göttingen im Juni 1811 geschah – voraus ging die Kündigung der Hauslehrerstelle im März entgegen der Absprache –, muß offen bleiben. Ob diese Beziehung zur Liebe wurde und eine sexuelle Erfüllung fand und Fröbel deswegen flüchtete, oder ob Caroline nicht mehr einem jungen, für Anregungen empfängli-

Caroline von Holzhausen

chen Mann, sondern einem gereiften, sich seiner weiteren Lebensperspektive ziemlich sicheren Fröbel begegnete, sich dadurch verunsichert fühlte und ihn zurückwies – wir wissen es nicht. Die Quellenlage ist zu bruchstückhaft, um hier gesicherte Aussagen machen zu können.[112] Fröbel bezeichnete Caroline von Holzhausen 1830 als *Rune meines Lebens*[113], und noch 1831 und 1832 finden sich Äußerungen über Caroline, die seine existentielle Erschütterung von 1810 zeigen: *Hiermit begann der höchste, der gefährlichste Lebenskampf, welchen ich je gekämpft habe, der Kampf, wo das Herz und Gemüt von jedem geistigem Lebensverbande losgerissen nur auf sich selbst ruhen soll... Ein langer, mehr als zwanzig jähriger Kampf, unter den verschiedensten Formen beendigt, unter andern und den verschiedensten Formen erneut, begann... wie aus dem Tod das Leben hervorgeht, so gehet aus der Entsagung die Gewährung hervor.*[114] *Doch mein Gemüt und inneres Leben war viel gewaltiger zerstört und zerrissen, als ich es selbst geahnet, weniger gewußt hatte. Monate dauerten, ehe ich mich ganz wiederfand.*[115] Im August 1831 schreibt er, es sei *ein 21jähriger, fast steter so besonnener als harter Kampf... ein zu einigen Zeiten wirklich furchtbarer, lebensvernichtender Kampfe, einigemale mich an den Abgrund fast geistiger Vernichtung führend*[116]. Und er bricht in den (brieflichen) Aufschrei aus: *Ja, nun ist mir alles klar, und durch und mit diesem ist mir vieles klar! Nun bin ich frei! Nicht dadurch, daß ich die Fesseln zerbrochen habe, nein ich habe sie, wie sie auch drückten, lang getragen, sondern dadurch bin ich frei, daß sie, durch das Licht der Erkenntnis im Staub zerfallen, von mir gesunken sind.*[117]

Zwei Erfahrungen in seiner Biographie lassen Fröbel in seinen Briefen und Tagebüchern existentiell tief betroffen erscheinen: Die Geschichte seiner verkannten Kindheit und Jugend und die Beziehung zu Caroline von Holzhausen. Diese Bindung muß daher über eine geistige Partnerschaft hinausgegangen sein. Aber auch die bislang veröffentlichten Tageblätter[118] bieten keine eindeutige Klärung. Am 9. Juni 1807 heißt es: *Wenn ich in diesem Verhältnis und Sein länger bleiben soll, wenn es das Schicksal gebietet, so werde ich darinnen leben und wenn Planeten an meinen Füßen hingen, um mich fortzuziehen; – fordert es meine Ausbildung, daß ich vorwärts gehe, so werde ich von hier fortgehen und wenn ich mit Diamantenketten angeschmiedet wäre.* 31. Juli 1811: *Abschied von Dir, geliebte Seele, Gattin mir von Gott und Ewigkeit und in alle Ewigkeit gegeben ... Gib dem Kinde einen Kuß und den Segen des scheidenden Vaters; sei ihm bewahrende, aber auch liebende und strenge Mutter. Lebewohl; reiche mir zum Abschied Deine Lippen und Deine Stirne.* Am 18. März 1812 war Carolines Sohn Hector geboren worden. Tageblatt vom August/Oktober 1811: *Ariadne. Eines nur lebt in Ewigkeit, reine Liebe. Heilig ist meiner Seele der Engel, den ich in meiner Liebe vor Gottes Thron wiederzufinden hoffe.* Jahresschluß 1811: *Ich schließe dies Jahr mit heiligem, reines Andenken an Dich G., an Dich Ariadne, an Dich Familie, mit unsterblichem Dank für Eure Liebe, Eure Treue.* – «Ariadne» stellt eine Anspielung auf Herders Melodram «Ariadne Libera» (1803) dar – der Faden der Ariadne durch das Labyrinth der Welt wie auch das Sternbild Ariadnes Krone sind immer wiederkehrende Grundsymbole bei Fröbel.[119] 12. Februar 1816 (Carolines Geburtstag): *Warum in Frankfurt alle meine mir so*

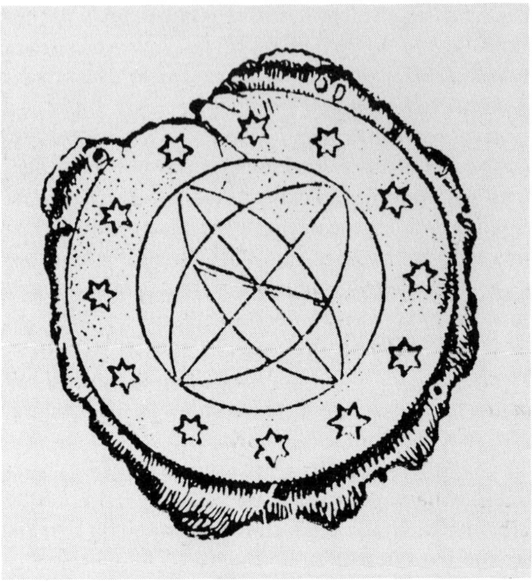

Siegel Fröbels von 1816

teuer im Herzen ruhenden, persönlichen Verhältnisse vernichtet, zerstört? 16. Mai 1816: *Wie ich wußte, was Sterben sei, wußte ich auch bald darauf, was es heiße Gatte, Familienvater sein ... Die Zeit des Schwindens alles Widerspruchs ist die Zeit der Lilie. Da werde ich auch mit der Freundin ganz ausgesöhnt sein ... Ich fragte sie: und wenn der Weg des Mannes durch Nacht und Tod, durch Angst und Hölle ginge, würdest Du ihm folgen? Vertrauensvoll sagte sie ja.* Am 6. September 1816 feiert er die *Decennie des 6. Sept. 1806. Fidelio-Dank und Lebewohl. C hat den Grund des hohen Vertrauens, mit welchem sie mich liebte, als eine Lüge widerrufen. Ihre und meine Liebe erscheint ihr als Sünde, die sie Gott abbüßen muß. Durch diese innere, nicht wie sie vorgibt, äußere Trennung sind alle heilsamen Folgen unseres sich Gefundenhabens vernichtet worden. Nur wenn sie mich in sich wiederfindet und mir in sich zu leben erlaubt, kommt die Zeit ihrer Erlösung.* 12. September 1816: *Sie hat nicht Wort gehalten. Sie folgte nicht vertrauensvoll durch Tod und Hölle. Hast Du Wort gehalten?* [120] – Es gab äußere Anlässe – Caroline behandelte ihn wie einen Dienstboten (Tbl. 16. Mai 1816) [121], ein Geschenk Fröbels, eine Reproduktion eines Johanneskopfes, mit dem Fröbel sich identifizierte, war von ihr weiterverschenkt worden[122] – aber die eigentliche Spannung ergab sich wohl aus der ungeklärten Situation als Liebende. Aus der rückblickenden Perspektive des fast Fünfzigjährigen waren es unterschiedliche religiöse Standpunkte, die sie trennten: *Sie will Religion machen und bauen und will religiöse (fromme) Menschen machen und aufbauen, und ich will Religion sich entwickeln und werden lassen, wie ich die Menschen sich religiös entwickeln und werden lassen will.*[123] Aber auch diese Legitimation der Trennung, so gewichtig sie für Fröbel sein mußte, erklärt nicht völlig die Flucht nach Göttingen im Sommer 1811: *In der langen Zeit völliger persönlicher Trennung hatten sich unsere Charaktere und unser beiderseitiges Leben gegenseitig ganz frei- und selbsttätig, frei- und selbstständig entwickeln und ausbilden und zu wirklichem Charakter gestalten können ... Mein innerstes Leben war (nun) zerbrochen, mein irdisch und menschlich Höchstes mir schnöde geraubt und in den Staub getreten: des Geistes und der Seele Einigung für Erstrebung des höchsten Geistigen und Seelischen.*[124] Briefe Fröbels vom Frühjahr 1811 an Caroline und ihre Antworten sind bis auf eine Ausnahme nicht erhalten. Aber das von Fröbel zwanzig Jahre später wiedergegebene Schreiben Carolines vom 20. April 1811 betont die gemeinsame Freundschaft und die unterschiedlichen religiösen Standpunkte, ohne den existentiellen Kern der Beziehung anzusprechen.[125] Die Briefe Fröbels an Caroline aus der Göttinger Zeit reflektieren über die Sphäre und verbergen damit im Allgemeinen das Individuell -Private.[126]

Das Sphäregesetz von 1811 ist für Fröbel der erfolgreiche Versuch, den Zusammenhang von Einheit und Mannigfaltigkeit philosophisch zu begreifen und damit zugleich seine eigene Beziehung zu Caroline von Holzhausen im Bild der Ehe, der Polarität von Anziehung und Abstoßung zu klären. Was ist die Sphäre? 1831 schreibt er über die Göttinger Zeit: *Dort kam mir die große, durchgreifende, sphärische, weltbauische, immer in sich geeinte, gleichsam kuglige Ansicht aller Erscheinungen in der Natur wie im Menschenleben. Dort kam mir mathematisch klar und bestimmt der große, so alles schaffende, wie alles durchleuchtende Gedanke: Sphära (das ist das stetige, stets allseitig lebendige schaffende, immer von neuem Insichselbstruhen), ist das Grundgesetz im All, in der physischen wie in der psychischen (in der Körper- wie in der Seelenwelt), in der moralischen wie in der intellektuellen Welt, in der empfindenden wie in der denkenden Welt. D. h. die Dinge, Erscheinungen, d. i. ihr Wesen von Innen heraus wahrnehmen, schauen, erkennen, wirken, schaffen, bilden, leuchten sehen, und so von Innen heraus wahrnehmen, schauen, erkennen, wirken, schaffen, bilden, leuchten machen. Also auch wahrnehmen, schauen, erkennen, wie alles und jedes Einzelne immer in einer beziehungsweise höheren und durch diese zuletzt in der höchsten absoluten Einheit ruht, dadurch lebt, wie daraus hervorgegangen ist.*[127] Entscheidend ist: das *Wesen* der

Dinge *von Innen heraus* erfassen. So weit hatte Fröbel sich die transzendental-spekulative Methode bei seiner Fichte- und Schelling-Lektüre 1806 angeeignet, daß er auch die transzendental-kritische Begründung von Pestalozzis Elementarmethode in Kants Transzendental-Kritik mitvollzog, sie gleichwohl als unzulänglich begründet beurteilt. Alles Seiende, alle Dinge, alles Lebende ist, hat ein Sein. Dieses Sein ist sphärisch. Jedes Lebewesen, jeder Gegenstand zeigt sich als ein Ganzes von Einheit und Mannigfaltigkeit und dieses Erscheinen der Einheit des Einzelnen in seiner Mannigfaltigkeit verdeutlicht Fröbel im Bild der Sphära, der Kugel, bei der nach allen Seiten und Richtungen ihr Zentrum hervortritt. Dahinter steht für Fröbel ein durch göttliches Sein bestimmter Kosmos. Dieses (göttliche) Sein ist sich selbst bewußt und ruht in sich. Aber dieses Bewußtsein an sich emaniert, strahlt aus, tritt sich selbst als Leben gegenüber, in der Natur, dem All der Dinge, der Lebewesen. *Sein ist identisch mit dem Bewußtsein an sich, jedes Bewußtsein bedingt Heraustreten aus sich, und jedes Heraustreten aus sich bedingt als solches schlechthin den Gegensatz (Gegensätze + und –).*[128] Das ist fichtisch gedacht: Das absolute Ich – in der Wissenschaftslehre[129] – muß als Bewußtsein notwendigerweise das Nicht-Ich, die Welt hervorbringen, um sich in der selbstvollzogenen Begrenzung als unendlich zu erfahren. Tätigsein zwingt zur Begrenzung und zur Überwindung der Begrenzung. Aber im Gegensatz zu Fichte, bei dem für das absolute Sein Natur stets das Nicht-Ich bedeutet, das zu überwinden ist, emaniert, strahlt gewissermaßen bei Fröbel das absolute Bewußtsein sich in der Natur in Gegensätzen aus – hier kommt Fröbel Schellings Potenzenlehre sehr nahe. In der «Weltseele» (1798) hat Schelling Natur als beseelten Organismus gedacht, der sich in immer höheren, aber jeweils polaren Stufen (Potenzen) von Kräften bis hin zum Menschen entwickelt. Wie bei Schelling gelangt auch bei Fröbel Natur immer mehr zu sich selbst, bis sie im menschlichen Bewußtsein ihr Entwicklungsgesetz selbst begreift, gewissermaßen sich selbst anschaut. 1823 definiert Fröbel Sphäre als *Typus der allgemeinen Wesensentwicklung, =Selbstfahren= S fähre: eine Fähre über den Fluß. S= reflexiv= in sich fahren.*[130]

Aber im Gegensatz zu Schelling ist bei Fröbel jedes Wesen sphärisch, jedes Wesen weist das Entwicklungsgesetz auf, die Entwicklungsunterschiede sind unerheblich verglichen mit der Gebundenheit jedes Seienden als Naturwesen an das Hervorgegangensein aus dem absoluten Bewußtsein durch Emanation. Und dieses Gebundensein ist das sphärische Gesetz. Daß bei jedem Naturwesen Gesetzmäßigkeit sichtbar wird, die seine Entwicklung, sein Äußeres bestimmt, aber in ihm verborgen ist, diese Spannung und Entwicklungsbewegung des Sich-Äußerns eines Inneren will die Sphäre beschreiben. Jedes Lebewesen wiederholt gewissermaßen den Schöpfungsprozeß der Natur aus dem absoluten Bewußtsein, ist Schöpfung seiner selbst in der Wiederholung von Schöpfung durch die in ihn hineingelegte Entwicklungsgesetzmäßigkeit. Das voll entfaltete Innere eines Gegenstandes hat seine Totalität hervorgebracht, sein ganzes Leben dargestellt und damit dieses «gerundet». Aber das Entwicklungsgesetz der Sphäre bezeichnet auch den polaren Gegensatz, nicht nur die Entfaltung der Einheit. Seiendes als «herausgetretenes» Naturwesen steht stets im Gegensatz zu sich selbst als sich in Mannigfaltigkeit entwikkelnde Einheit. Äußeres ist stets anders und doch bezogen auf Inneres und dieses sichtbarmachend. Seiendes als Naturwesen steht in polaren Gegensätzen zu anderem Seienden.

Johann Gottlieb Fichte. Gemälde von Heinrich Plühr

Fröbel versuchte in immer wiederholten Ansätzen, in Tageblättern und in Entwürfen, aber auch in Briefen dieses sein Weltgesetz zu mathematisieren und auf eine Formel zu bringen. Die geschlechtliche Polarität von Mann und Frau wird ihm dabei zu der entscheidenden Grundform der Gegensätze, die er etwa in den Gegensätzen von Tag und Nacht, von Erkennen und Empfinden wiederfindet. *Die Verschiedenheit der Intensität der beiden Pole ist keine andere als die ... Sexualverschiedenheit.*[131] *Der Mensch ... ist das ... sich zur individuellen Selbständigkeit und Bewußtsein, d. i. zu einem geschlossenen Ganzen sich zu erheben, im Gegensatz heraustretende Göttliche selbst. Als Gegensätze können sich nur die gleichen Gegensätze, d. i. ein + und –, die in gleichen Verhältnissen zu dem Ewigen, welches ich x bezeichnen will, stehen, zum vollendeten Bewußtsein und zur Erringung vollkommener Selbständigkeit erheben. Eine solche Verbindung nennen wir Ehe.*[132] – Hier wird deutlich, wie sehr Fröbel mit dem Aufstellen des Sphäregesetzes zugleich seine Beziehung zu Caroline von Holzhausen zu analysieren und zu bestimmen suchte. Daß dabei die zu Tage getretenen unterschiedlichen Standpunkte im Religiösen für Fröbel zu einem nicht überbrückbaren Gegensatz werden mußten, wird nun verständlich.

Fröbel wollte auch eine Grundlage für das Studium und die erzieherische Aufgabe gewinnen. Insofern stellt das Sphäregesetz gewissermaßen Fröbels Wissenschaftslehre dar. *Wir sämtlich als denkend ... haben keine andere Bestimmung, als Philosophen zu werden, d. h. in uns die Gesetze der Natur zu erkennen und in uns jeder auf seinem Standpunkt den Zusammenhang der Natur im Geiste anzuschauen und die Natur ... nachzuschaffen.*[133] Nachzuschaffen – nicht wie bei Fichte zu vernichten: *Fichtes Natur, die Gehaßte*, steht auf einem Tagblatt.[134] Aber: *in uns die Gesetze der Natur zu erkennen* – das ist Transzendentalphilosophie. Reflexion bringt die Struktur des Kosmos hervor, indem sie sich auf sich selbst richtet. Allerdings gilt es, den Zusammenhang der Natur im Geiste anzuschauen. Das wiederum bedeutet, daß Natur als Phänomen nicht völlig ausgeklammert, sondern ihre Struktur im Bewußtsein idealtypisch erarbeitet, also nachgeschaffen wird. Sie wird nicht geschaffen. Aber die idealtypische Struktur von Natur bedient sich der Mathematik. *Wenn es eine Wissenschaft der Götter gibt, so ist es Mathematik; liegt in der sphärischen Darstellung aller Erscheinungen in der Natur a priori.*[135] In dieser Absolutheit läßt Fröbel später eine solche Aussage nicht mehr gelten. 1831 heißt es: *Die Dinge ... von Innen heraus wahrnehmen*, sei die Sphäre.[136] Das bedeutet aber auch, daß Fröbel später mehr das Phänomenhafte von Natur betonte, ohne doch auf den apriorischen Anspruch des Sphäregesetzes völlig zu verzichten. Bereits seine Beschäftigung mit Kristallographie belegt dies, denn hier sieht er in idealer Weise Gesetzmäßigkeiten, Strukturzusammenhänge an den Mineralen ausgebildet. Doch dies gehört in die Berliner Zeit Fröbels.

Es ist noch darauf hinzuweisen, daß für Fröbel im Rahmen der Sphärereflexion das absolute Sein, Bewußtsein an sich, mit Gott gleichgesetzt wird, der sich in die Welt emaniert. *Gott und Welt sind sich Gegensätze, wie innen und außen Gegensätze sind, die einander schlechthin wechselseitig bedingen.*[137] Gott ist nicht identisch mit Welt, mit Natur, diese aber Äußerung und somit Teil seiner selbst. Die göttliche Natur zu sich selbst bringen bedeutet, den Menschen zu veranlassen, sich selbst seiner apriorischen Einsicht zu bedienen, um sich angemessen der Natur gegenüber verhalten zu können. Das Göttliche in der Natur verlangt vom Menschen, es zu sehen und zu beachten, Natur nachzuschaffen, zu pflegen, nicht aber entgegen ihrer gesetzlichen Gebundenheit zu verändern. Die Göttinger Zeit der Reflexion über die Sphäre ist Fröbels fruchtbarste und wichtigste Lebensperiode gewesen. Sie war sicherlich auch die spannungsreichste. Aber hier gelang es ihm in unermüdlichen Reflexionen auf Tageblättern eine Einsicht zu formulieren, die seine Existenz legitimierte, seine Beziehung zu Caroline von Holzhausen rechtfertigte und seine Pädagogik begründete. Fröbel gelang es jedoch nicht, seine Tagebuchnotizen zu einer eigenständigen Schrift zur Sphäre zu verarbeiten. Nur Bruchstücke solcher Entwürfe liegen vor. Ein Teil dieser zusammenfassenden Überblicke gelangte dann in Form der «zweiten Keilhauer Werbeschrift» von 1821 an die Öffentlichkeit. Aber auch die Eingangspartien der *Menschenerziehung* von 1826 sind ohne Reflexionen über die Sphäre nicht denkbar. Sie führen zwar nicht darüber hinaus, aber sie präzisieren begrifflich-systematisch und beziehen dann die Begründung des Erziehungsprozesses mit ein. Alle schulorganisatorischen und didaktischen Reformen Fröbels wie auch seine Kindergartenpädagogik und das Spielgabenkonzept sind in der Sphäretheorie begründet. Die Theorie der Sphäre ist Fröbels wissenschaftstheoretische Grundlage geblieben. Später spricht er allerdings von *Lebenseinigung*[138], in den letzten Jahren vom *Gesetz der Vermittlung*[139].

Fröbel hat in *Theses* 1811 seine Äußerungen zur Sphäre zusammengefaßt. Die Thesen lauten[140]:

1. *Es herrscht nur ein Grundgesetz durch das ganze Universum.*
2. *Dieses Gesetz ist das Gesetz des + und – oder des Gegensatzes.*
3. *Dieses Gesetz tritt aus der Mitte nach allen Seiten zugleich oder sphärisch heraus.*
4. *Diesem sphärischen Gesetz ist alles unterworfen, was ist.*
5. *Das ganze Weltall ist sphärisch.*
6. *Der Sitz des ewig Schaffenden ... (ist) in der Mitte.*
7. *Alles was ist, ist seinem Wesen – Sein – nach so alt, als das Ewige selbst*

ist, folglich selbst ewig.

8. *Alle menschliche Erkenntnis, alle Wissenschaft ist einfach.*

9. *Selbst Wissenschaft trägt in sich denselben Organismus, ist ganz demselben Gesetz unterworfen, wie die Natur des All selbst: a. bildet aus sich heraus 1, 2, 3, 4,*

b. ist sphärischer Gestalt.

10. *Jeder Mensch ist bestimmt, das ganze Wissen in seinem Mannesalter zu umfassen. Jeder Mensch, der zur vollkommenen Wissenschaft kommen will, muß sie in sich finden, sie aus sich herausbilden. Was als Wissenschaft da ist, ist ihm bloß Wegweiser. Alle Wissenschaft außer uns ist uns hypothetisch. Nur in uns liegt wahre Wissenschaft.*

11. *Die andere Zeit ist er bestimmt, der Menschheit zu leben.*

12. *So lebt er sich selbst.*

13. *Er und die Menschheit ist ein und dasselbe.*

14. *Die Menschheit und das Ewige ist gleich.*

15. *Im Menschen tritt das Grundgesetz der Natur – unter den Wesen, die wir kennen –, der Gegensatz am bestimmtesten heraus.*

16. *Deshalb ist der Mensch auch geschaffen das ganze Universum in sich aufzunehmen, nachzuschaffen.*

17. *Dies zu tun, ist einzig Wissenschaft.*

18. *Nur in der Ehe ist vollkommene Wissenschaft.*

19. *Und die Wissenschaft ist umso vollkommener, je reiner, vollkommener und glücklicher die Ehe ist.*

20. *Ehe ist die Verbindung der gleichnamige[n] – ? – Gegensätze.*

21. *Das Weib ist ebenso zur Wissenschaft und zur Durchdringung derselben bestimmt wie der Mann.*

22. *Alle Sätze der Wissenschaft sind leicht und einleuchtend allgemein: verständlich und gründen sich auf die einfachste M. W. (Mathematik?)*

23. *Die Wissenschaft vereinigt Philosophie und Kunst.*

24. *Ohne beides vereint ist keine Wissenschaft möglich.*

Berlin – Der Lützower Jäger

Fröbel ließ sich Anfang November an der Universität in Berlin immatrikulieren. Er ging nach Berlin, um Kristallographie bei Professor Christian Samuel Weiß (1780–1856) zu hören. Weiß versah eine Professur für Mineralogie. Zwischen den beiden nahezu Gleichaltrigen entwickelte sich bald eine herzliche Freundschaft. Charakteristisch für Fröbel ist sein Drang zur intensiven brieflichen Darstellung. Die Partner wechseln. In der Frankfurter Zeit und in Iferten und Göttingen korrespondiert er mit seinem Bruder Christoph, als Lützower Jäger mit Weiß, später dann mit Heinrich Langethal, Barop, seiner Frau und schließlich in den letzten zwölf Jahren seines Lebens mit Friederike Schmidt. Diese Briefwechsel zeichnen sich durch die Eigentümlichkeit aus, daß kein gleichwertiges Verhältnis zwischen Fröbel und seinen Adressaten besteht. Fröbel dominiert und überhäuft seine Partner geradezu mit Briefen. Während der Schweizer Zeit (1831–36) werden die Keilhauer Freunde mit einer wahren Flut von Briefen überschüttet.

Warum ging Fröbel nach Berlin, warum konzentrierte er sich nun auf das Studium der Kristallographie? Das Studium in Göttingen wirkte auf ihn zunächst irritierend: *Jener Druck des innern und äußern Zerstückt- und Gebrochenseins der Erziehung, der Lehre, des Unterrichts und des Lebens war für mich ein so eingreifender, gewaltsamer und vernichtender, als ich im Äußern für Einheit, für Darstellung derselben wirken sollte und nicht konnte, und als ich doch in mir die drängende Ahnung einer ungeteilten Einheit trug, in welcher sich alle Mannigfaltigkeit notwendig und gegenseitig lebendig im inneren Zusammenhang und für Einheit bedingte.*[141] Wohlverstanden, er spricht vom *innern und äußern Zerstücktseins* des Lebens – eine Anspielung auf die Auseinandersetzung mit Caroline? Und er fährt fort: *Ich hatte meinen Geist durch einen Schutt von durch eine drückende Gewalt des äußeren Anregers fremden Wissens und Autorität fast in sich selbst vernichtet, verschüttet... So dauerte es einige Monate, ehe mein Geist durch einen Schutt von Ergebnissen und Erzeugnissen in Arten, Formen, Gestalt und Aussprüchen und Abstreitungen sich wie aus einem Grabe einer Verpuppung zu lichter Klarheit, Ruhe, Friede und Freude emporarbeitete.*[142] Ergebnis dieser «lichten Klarheit» ist das Sphäregesetz. Aber es waren gerade die Sprachstudien in Göttingen, die Fröbel veranlaßt haben, sich den Naturwissenschaften, insbesondere der Mineralogie zuzuwenden: *Die Entwicklung meines inneren Lebens, meine Selbstentwicklung* – also die Erarbeitung der Sphärephilosophie – *hatte mich von den Sprachstudien unvermerkt ganz hinweg und zu einer tiefer liegenden Einheit, wieder zu den Naturgegenständen hingeführt.*[143] *Die alles erfassende, in sich selbst notwendig bedingte innere Gesetzmäßigkeit, welche ich überall erkannte, trat mir* (hier) *in solcher Klarheit und Macht entgegen, daß ich nichts in der Natur und im Leben sah, in welcher sie sich nicht, wenn auch in noch so verschiedenen Graden der Ableitung und Stufen der Steigerung ausgesprochen hätten.*[144] Kurzum: Die *Ansicht von der Festgestalt, die Ansicht von den Kristallgestalten, den Mineralkörpern*[145] steht nun im Vordergrund des Studiums. Da in Göttingen diese Bereiche mehr naturhistorisch als theoretisch-systematisch behandelt wurden, beschloß Fröbel, nach Berlin zu Weiß zu gehen.

Und die pädagogische Aufgabe? Ganz offensichtlich tritt sie in Göttingen zurück. Die Tagebuchreflexionen und Entwürfe Fröbels von 1811 zur

Die Universität in Berlin. Zeitgenössischer Stich

Christian Samuel Weiß.
Lithographie von Fr. Jentzen nach Streckfuß

Sphäre – sie werden 1816 mit gleicher Intensität fortgesetzt[146] –, beziehen pädagogische Fragestellungen kaum ein. Und doch handelt es sich nur um eine Akzentuierung. Die Klärung der Wissenschaftslehre in Form des Sphäregesetzes stellt zugleich die Basisbedingungen für seine Pädagogik bereit. Pädagogik war nur noch Konsequenz. Allerdings gibt es auch beeindruckende pädagogische Äußerungen Fröbels bereits aus der Göttinger und Berliner Zeit: die Korrespondenz mit seinen ehemaligen Frankfurter Zöglingen. Der Abschied 1811 muß insbesondere Fritz, Adolph und Sophie schwergefallen sein. Bewegend der Abschiedsbrief der zehnjährigen Sophie: «Lieber Herr Fröbel, ich wünsche, daß Sie immer an mich denken sollen und mich immer lieb behalten sollen. Es ist leid, daß wir uns voneinander trennen müssen, jetzt geht es nicht mehr anders.»[147]
Die Briefe Fröbels von 1811/12 an seine ehemaligen Zöglinge überzeugen durch eine herzliche Anteilnahme an Ereignissen, die die Zöglinge betreffen, bieten zugleich aber ein hochdifferenziertes Spektrum pädagogischen Verhaltens. An Sophie und Adolph schreibt er mehr erzählend; Fritz und Carl hingegen spricht er als für die jüngeren Geschwister pädagogisch Verantwortliche an. Gegenüber seinem Problemschüler Carl be-

ginnt Fröbel sein pädagogisches Verhältnis zu klären und zu begründen und so in Carl pädagogische Einsicht und das Verständnis seines eigenen Erzogen-seins herbeizuführen, um ihn zu veranlassen, sich immer mehr selbst zu führen. *Die Trennung*, so schreibt er Carl, *hat mir doch sehr leid getan; überlege es einmal selbst: ob ich gleich oft sehr hart und sehr streng gegen Dich war, so hatte ich Dich doch sehr lieb – was Du auch wohl weißt – und diese Härte und Strenge hatte in der Hauptsache doch nichts anderes zum Grunde; doch da, wo Du mir schienst, nicht streng und scharf genug – wie ein Knabe es schon und ein Jüngling noch immer mehr soll – die Würde und die Bestimmung des Menschen vor Augen zu haben – doch da, wo Du mir schienst, noch auf dem Pfade der Gewohnheit zu wandeln, da schien es mir Pflicht, dies ... zu sein ... Denn jene Fehler – glaub, guter Carl – waren es ja, die Dich mir raubten; jenen mußte ich also billig böse sein, mußte sie hassen.*[148] Im Schreiben vom Dezember 1812 findet sich die Anrede: *Mein teuerer lieber Freund.*[149] Und Fröbel entwickelt in diesem pädagogisch ungemein wichtigen Brief seine Reflexionen über Erziehungsfragen stets im Zusammenhang mit Hinweisen darauf, daß Carl nun auch pädagogische Verpflichtungen gegenüber dem im März 1812 geborenen Bruder Hector habe: *Sie werden gewiß, teurer Freund, besonders nach der kurzen Anwendung des Gesagten, finden, daß Sie, indem Sie für die Entwicklung Ihrer jüngeren Geschwister tätig sind, zugleich und in ganz demselben Maße für die Veredelung Ihrer selbst wirksam sind; so wirkt alles unser Handeln, was mit Wahrheit von uns aus geht, auf uns zurück. So werden Sie dem Entwicklungsgang Ihres jüngsten Bruders folgen, von der Hoheit und Würde Ihrer eignen Natur tief und lebendig durchdrungen werden.*[150] – Zu Fritz und Adolph von Holzhausen bewahrte Fröbel eine herzliche Freundschaft, die gegenüber Adolph bis in die dreißiger Jahre dauerte; Fritz starb vor 1820. – 1831 schreibt Fröbel über den von ihm sehr geliebten Fritz von Holzhausen: *Ja, um dieses einzigen Menschen willen würde ich mich schon glücklich preisen, Erzieher geworden zu sein, und um dieser einzigen Blüte und Frucht willen mein ganzes Erzieherleben in Frankfurt bei allem seinem Druck und aller seiner Nacht, seinem Kampf und seinem Schmerz segnen; dem in demselben Maße steht die Einigung des Erzieher- und Zöglinglebens in Lichterglorie und Engelsklarheit gegenüber.*[151] – In den Schweizer Jahren wurden dann Fröbels Keilhauer Zöglinge zu brieflichen Gesprächspartnern, denen er einige seiner tiefempfundensten und aufschlußreichsten Briefe widmete – so neben dem sogenannten Konfirmantenbrief vom März ein fünfzigseitiges weiteres Schreiben vom August 1832.[152]

Das im November 1812 in Berlin weitergeführte Studium – Fröbel war Hörer Fichtes – wird durch den Ausbruch des Befreiungskrieges gegen Napoleon im März 1813 unterbrochen. Fröbel schließt sich der Volksbe-

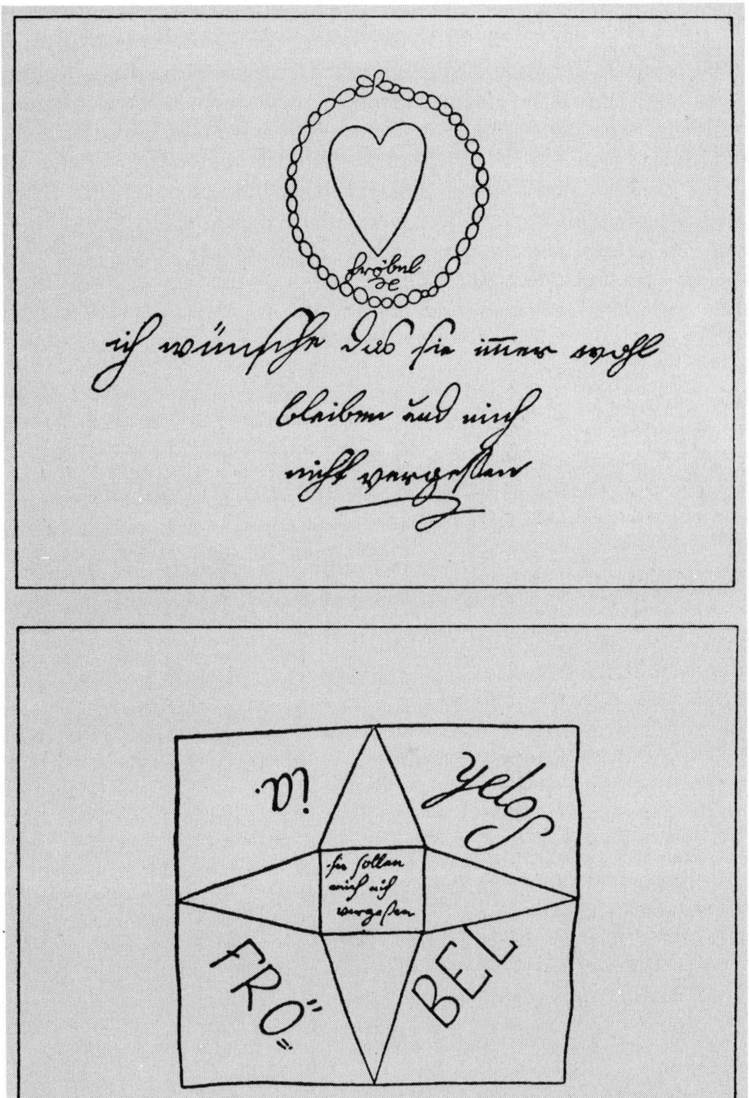

Zeichnung Sophie von Holzhausens

wegung an und tritt in das Lützowsche Freikorps unter Führung Jahns ein. Er hat an der Schlacht von Groß-Görschen und Lützen (Mai 1813) teilgenommen und geduldig die Strapazen des ersten Teils dieses Kriegs, der Ende Mai 1814 mit einem vorläufigen Friedensschluß beendet wurde, ertragen. Über den Verlauf des Feldzugs berichtete er Professor Weiß und führte auch ein Kriegstagebuch.[153] In den über vierzig Briefen an Weiß, aber auch im Tagebuch finden sich neben Reflexionen über Krieg und Soldatentum insbesondere eine Fülle geognostischer Beobachtungen, die veranschaulichen, wie intensiv Fröbel neben seinem Dienst als Soldat wissenschaftlich arbeitete. Fröbel war nicht kriegsbegeistert, aber fühlte sich als Deutscher: *Etwas Anderes war es, was mich zwar nicht mit*

Vorderseite der Fröbel-Medaille von Karl Goetz, gegossen 1927 zum 75. Todestag Fröbels

Lützower Jäger. Stich

Enthusiasmus, aber mit einer felsenfesten Entschlossenheit in die Reihe der deutschen Krieger rief. Es war das Gefühl und Bewußtsein von dem rein Deutschen, das ich als etwas Hohes und Hehres in meinem Geiste verehrte.[154] Fröbel besaß keinen spezifisch politischen Horizont. Die bei Arndt («Germanien und Europa») und Fichte («Reden an die deutsche Na-

Wilhelm Middendorff

tion») enthaltenen nationalen Elemente erwecken in ihm kein ausgeprägtes Bewußtsein für die politische Umbruchssituation, in der das Reich der deutschen Staaten nach der Französischen Revolution und durch die territoriale Expansion Napoleons stand. 1828/29 schreibt er ganz unbefangen: *Die Heimat rief mich nicht; Preuße war ich nicht... Konnte ich auch wirklich nicht sagen, daß ich ein Vaterland habe, so mußte ich mir doch gestehen, daß jeder Knabe, daß jedes Kind, was später vielleicht von mir zu erziehen sein werde, ein Vaterland habe, und daß dieses jetzt Verteidigung fordere, jetzt, wo das Kind es selbst noch nicht verteidigen könne.*[155] Ein philosophisch bestimmtes nationales Bewußtsein und pädagogische Verantwortung also begründen seine Teilnahme: *Also rein die Wahrheit gesagt, ob die Sache oder der Krieg preußisch oder deutsch hieß, war mir höchst gleichgültig, bestimmte auch mein Handeln nicht um einen Gran an Gewicht, sondern daß die Sache nicht nur menschlich, sondern menschheitlich war... Nur durch die Lebensgefahr hindurchgehend, hindurchge-*

Heinrich Langethal

gangen konnte ich Erzieher werden.[156] Ergebnis der Teilnahme am Feldzug: *... ich habe mich im Verlauf des wirklichen Kriegserlebens sehr für das Interesse des deutschen Landes und deutschen Volkes begeistert; mein Streben bekam die Richtung auf das Nationale.*[157] Fröbel aber blieb Sphäriker, der Idee des Menschlichen a priori verbunden. Dennoch: Fröbels Gründung Keilhau wird «Allgemeine deutsche Erziehungsanstalt» heißen, die Werbeschriften für diese Privatschule betonen deren nationales Anliegen. Die *Menschenerziehung* von 1826 allerdings korrigiert wieder diesen Eindruck.

Im Krieg lernte er zwei Theologiestudenten, Hörer bei Schleiermacher, kennen, die seine Mitarbeiter werden sollten: Wilhelm Middendorff (1793–1853) aus Brechten bei Dortmund und Heinrich Langethal (1792–1879), geboren in Erfurt. Middendorff wie Langethal haben später tatkräftig den Aufbau Keilhaus und der Schweizer Gründungen unterstützt und sind auch Fröbel gefolgt, als dieser sich dem Kleinkind- und

Vorschulbereich mit seiner Spielkonzeption und dem Kindergarten zuwandte. Hervorzuheben sind Middendorffs Eloquenz und Verbindlichkeit wie Langethals Eifer und Kreativität. Die Bewegungsspiele stellen zum Großteil Schöpfungen Langethals dar.

Fröbel reflektierte aber auch im Kriege über das Verhältnis von Sphäre und Phänomen, über Natur und Erscheinung: *Da in der Natur jede Erscheinung bedingt wird und bedingend wirkt* – schreibt er im Mai an Weiß[158] – *so muß auch jede Erscheinung in dieser doppelten Beziehung betrachtet werden, und so wird es unmöglich, irgend eine Erscheinung isoliert zu betrachten, sondern man muß sie, ich möchte sagen, fast unbewußt immer auf ein Ganzes beziehen ... Es dünkt mich der einzige Weg zur wahren Erforschung der Natur, wenn man in den Erscheinungen der Natur, so wie sie unverrückt vor uns liegen, zu lesen sucht, aber diese Erscheinungen nicht wie die Lettern in den Schriftkästen zur Darstellung unserer Meinungen zusammensetzt.*

Am 31. Juni scheidet Fröbel aus dem Kriegsdienst aus. Am zweiten Teil des Kriegs gegen Napoleon 1815 hat er nicht mehr teilgenommen. Anfang August 1814 befindet er sich wieder in Berlin und wird als Assistent von Professor Weiß am Mineralogischen Institut der Universität angestellt. Er hatte die Gesteinssammlungen zu betreuen. *Alles, was ich in Göttingen als Bestätigung der geistigen Entwicklung auch im Äußern zu schauen geglaubt hatte, trat mir hier in hundert und abermals hundert Erscheinungen entgegen. Was ich so vielseitig im Großen, im Leben des Menschen, in dem Gang Gottes für Entwicklung des Menschengeschlechtes, gesehen hatte, trat mir hier in der kleinsten Festgestalt der nur wirkenden Naturgegenstände entgegen. Ich sah da deutlich, wie noch nie: Das Göttliche ist nicht nur das Größte, nein, das Göttliche ist auch das Kleinste; es erscheint in ganzer Fülle und Kraft im Kleinsten. Und nun waren mir meine Erden und die Festgestalten ein Spiegel für die Menschen – und Menschheits-Entwicklung und deren Geschichte.*[159] *So war ich denn recht eigentlich in den Mittelpunkt meines eigentlichen Lebens und Strebens, wo ... symbolisch Wesen zu schauen dem innern Auge vorlag.*[160] Fröbel beschreibt hier vierzehn Jahre später sehr treffend seinen damaligen Versuch, die Kristallformen so einander zuzuordnen, daß sie das sphärische Gesetz des Auseinandertretens von Gegensätzen aus der Einheit und des Zurückführens der Gegensätze, der Mannigfaltigkeit in der Einheit, darstellen. Symbolisch, sinnbildlich also werden ihm die kristallinen Formen, weil an ihrer Phänomengestalt selbst – aber nur dem vorstrukturierenden Blick – das sphärische Gesetz sich zeigt. Das sphärische Gesetz in der abstrakten, mathematischen Fassung der Göttinger Zeit wird nun in der Natur gesehen, Wissenschaftslehre an den Phänomenen, also praktische Naturphilosophie betrieben.

Friedrich Ernst Daniel Schleiermacher.
Lithographie nach einer Zeichnung von F. Krüger

1815 hörte Fröbel zusammen mit Middendorff und Langethal bei Schleiermacher. Die Lektüre von Greilings «Jesus von Nazareth» (1813) vertiefte sein urbildliches Ideal der Erziehung in der Fassung von 1807. Es war für Fröbel ein Buch, das ihm *das Reinste, Edelste, Erhabenste vorführte. Ich fand mich durch dasselbe selbst.*[161] Mit Caroline von Holzhausen wurden wieder Briefe gewechselt[162], in den Tageblättern die Reflexion zum Sphäregesetz erneut begonnen und weitergeführt.[163] Jakob Böhme beeindruckt ihn. Bei seinem Besuch der Familie von Holzhausen Ende Juni 1814 schenkte ihm Caroline die «Aurora», Böhmes erstes Werk. Im gleichen Jahr erwarb er von seinem Bruder sämtliche Schriften Böhmes.[164] Das Lilienmotiv nimmt nun bei Fröbel einen breiten Platz ein – der Begriff der Lilienzeit stammt ja von Böhme.[165] In der Rückblende von 1831 wird die *Liliensehnsucht* zur Grundstimmung des Sommers 1814.[166] 1816 heißt es im Tageblatt: *Die Zeit des Schwindens alles Wider-*

spruchs ist die Zeit der Lilie. Da werde ich auch mit der Freundin ganz ausgesöhnt sein.[167] Fröbel wird die Lilie zum Grundsymbol seiner späteren Erziehungskonzeption wählen: Die Lilienzeit als Bild der Hoffnung auf Lebenseinheit, als Symbol der Forderung nach Lebenseinigung gemäß der Sphäre.

Fröbel trug sich in Berlin mit dem Gedanken einer wissenschaftlichen Laufbahn. Auch eine Professur wurde ihm angeboten.[168] Doch eine andere Aufgabe drängte. Sein Bruder Christoph war im Dezember 1813 an Typhus gestorben und hatte drei Söhne hinterlassen. Fröbel fühlte sich verpflichtet – nach einer langen Phase des Abwägens –, der Schwägerin die Erziehungssorge um die Söhne abzunehmen und diese selbst zu erziehen. Am 9. April 1816 reichte er sein Entlassungsgesuch in Berlin ein und gründete am 13. November die Erziehungsanstalt Griesheim (später Keilhau).

Keilhau

Aus einem unbekannten Punkte, aus einem kleinen verborgenen Tale unseres gemeinsamen Vaterlandes redet eine kleine Gesellschaft von Menschen, welche Glieder von nur wenigen Familien, sämtlich Deutsche sind, zu euch. Sie sind Glieder aller Familienverhältnisse, sie sind Vater, Mutter, Eltern, sie sind Bruder, Schwester, Geschwister, sie sind Verwandte und Freunde; Vater- und Mutter-, Bruder- und Schwestersinn und -liebe, Liebe zu den Verwandten und Sinn für Verwandtschaft, Freundesherz, Liebe zu den Freunden verknüpfen sie und verknüpfen sie seit langem ... Eine Liebe vereinte sie, die Liebe zum Menschen, zur Ausbildung und Darstellung des Menschlichen, der Menschheit im Menschen.[169] So beginnt die erste Keilhauer Werbeschrift: *An unser deutsches Volk* (1820). Fichtesche Gedanken aus den «Reden» klingen hier an: eine Erziehungsanstalt auf dem Lande soll es sein, ein Internat, weit ab von den verderblichen Einflüssen der städtischen Kultur und der gesellschaftlichen Sitten. Eine Gruppe Gleichgesinnter wird gemeinsam erziehen, als «Deutsche», die Heranwachsenden zu Deutschen erziehen, aber in ihnen die «Menschheit» ausbilden, nicht nur das Nationale.

Keilhau liegt bei Rudolstadt; ein «kleines Dörfchen», «im Tale des Schaalbach gelegen». Keilhau, so schreibt Fröbels Biograph Hanschmann 1874 weiter, «ist rings von bewaldeten Bergen umgeben, in einem umschlossenen Talkessel, wie sich der Geistesblick Fröbels immer die ländliche Stätte seiner Wirksamkeit gedacht hat ... Das ist eine reiche, der Knabennatur angemessene Gegend und kann nicht ohne tiefen Einfluß auf die Entwicklung von Knaben sein, die mit Verständnis in die volle Natur eingeführt werden.»[170] *Die Vorsehung führte uns in das Tal, welches mein vorahnendes Gemüt acht Monate früher schon als Erziehungsort erkannt hatte.*[171] Die Erziehungsanstalt Keilhau, ihre Praxis, ihr Erziehungsprogramm, wie es in den sechs Werbeschriften, der *Menschenerziehung* und den über zehn Aufsätzen der Wochenschrift *Die erziehenden Familien* entwickelt wird, ist Fröbels intensivster Versuch gewesen, sein Sphäregesetz und Pestalozzis Methode in einer vor allem schulischen «Menschenbildung» zu verbinden.

Die Keilhauer Zeit von 1817 bis 1831 war bis 1826 eine Zeit des Erprobens, des Praktizierens dieses Programms, sowie eine Phase der Darstellung dieser Praxis in Form von Schriften zur Information für die Öffentlichkeit, aber auch zur Werbung. Tagebuchnotizen und briefliche Äußerungen treten in dieser Zeit, insbesondere nach 1821, in den Hintergrund. Kritische Rückblicke setzen erst nach 1826 und dann vor allem wieder in der Schweizer Zeit ein.

Pestalozzi hatte Fröbel im Herbst 1805 ins Stammbuch geschrieben:

> Der Mensch bahnt sich mit der Flamme
> des Denkens und mit dem Funken des Redens
> den Weg zu seinem Ziel;
> aber er vollbringt diesen Weg, er vollendet sich selber
> nur durch Schweigen und Tun.[172]

Im Februar 1816 schreibt Fröbel auf ein Tageblatt: *Erinnerung aus meinem Leben. Nichts von dem, was ich sagte, daß ich tun würde, wurde erfüllt ... Warum? Ich sollte tun und nicht reden. Mehr als 20* (10?) *Jahre*

Keilhau bei Rudolstadt. Lithographie

Porträt Fröbels

hindurch mußte mir dies gesagt werden, ehe ich es klar erkannte.[173] Keilhau ist Fröbels Konsequenz aus diesem Eintrag: Planen, Spekulieren, Reflektieren – all dies tritt zurück vor dem konkreten Aufbau einer Privatschule, einer Erziehungsanstalt, und einer diese Praxis rechtfertigenden Erziehungskonzeption. Aber in die Konzeption von Keilhau gehen wiederum die vorausgegangenen Überlegungen und Erfahrungen ein. Bereits in Iferten hatte Fröbel erkannt, daß die ideale Struktur einer Erziehungsanstalt die eines Internats mit Familiencharakter sei. Bei der Erziehung der Holzhausen-Zöglinge hatte er erlebt, daß familiäre Bezüge durch beste unterrichtliche Betreuung nicht zu ersetzen sind, daß Erkenntnis verbunden werden muß mit Erleben, Einsicht und leiblichem

Tun: Verbindung von geistiger und körperlicher Tätigkeit also wird gefordert. Die Dinge sollen als Phänomene in ihren Lebensfunktionen zunächst vor allem im handelnden Umgang dem Schüler zugänglich werden. Philosophieren an der Natur also als schulische Aufgabe, aber als Begegnung mit der Natur, in möglichst vielseitiger, keineswegs nur theoretischer Perspektive. Und dies Philosophieren an der Natur soll in handelndem Umgang geschehen, der dem Heranwachsenden zugleich die Struktur dieses Handelns erschließt, damit der Heranwachsende selbst aktiviert ist, zu strukturieren: *Der Erzieher muß das Kind mit klarem Bewußtsein nach klaren Gesetzen und in sprechenden Formen – also durch ein organisches Lebensganzes –, somit kunstmäßig, erregen, alles, was er, der Zögling, tun, wissen und haben will, in sich zu suchen und zu finden ... aus seinem eigenen Lebensquell zu erfinden. Er lehrt den Zögling die Erfindungskunst durch bewußtes kunstmäßiges Erregen dieser Kunst.*[174]

So wird eine Privatschule geschaffen, die nahezu alle Züge der Landerziehungsheime unseres Jahrhunderts vorwegnimmt.[175] Der Umgang zwischen Lehrern und Zöglingen ist partnerschaftlich. Man redet sich mit «Du» an. Man trug eine einheitliche, einfache Kleidung; lange Haare waren üblich. Fröbel selbst hielt sein ganzes Leben hindurch an seiner langen Haartracht fest. Abhärtung und einfache Lebensweise sind selbstverständlich, die Kost ist ländlich und gesund. Es wird viel Sport getrieben; im Sommer Laufen, Schwimmen und Spiel, im Winter Schlittschuhlaufen und Rodeln. Jedes Jahr wird eine größere Wanderung unternommen. In den ersten Jahren Keilhaus – die bezogenen Gebäude mußten umgebaut, die Umgebung erschlossen werden – helfen die Schüler beim Hausbau mit.[176] Auf dem von Fröbel mit Hilfe seiner Schwägerin erworbenen Anwesen, einem kleinen Bauerngut, wurde natürlich auch Landwirtschaft betrieben und die Zöglinge halfen bei der Feldbestellung und der Ernte mit; diese Erfahrungen integrierten sie in den Unterricht. Wege werden angelegt, Aussichtsplätze geschaffen. Zur Vertiefung des Geschichtsunterrichts werden Ritterrüstungen entworfen und in Abenteuer einbezogen. Sternbeobachtungen werden durchgeführt. Fauna und Flora sowie die Gesteinsbeschaffenheit des Schaaltals werden erforscht und verarbeitet. Im Geographieunterricht wird die Gegend erwandert, charakteristische Merkmale wie Flüsse und Höhen bestimmt und in eine Heimatkarte eingetragen. Zum Spielen hatte Fröbel nach dem Wunsch der Zöglinge Bauklötze anfertigen lassen.

Doch auch hier ist die Sphäretheorie Grundlage von schulischem Unterricht, von Schul- und Internatsleben. *Das höchste Prädikat Gottes ist =Schöpfer und Erhalter; stets schaffend und erhaltend in sich ist aber das Sphärische; daher soll auch das Streben des Menschen, des Erziehers sphärisch =Sphäre sein.*[177] *Keine Erkenntnis irgendeines Dinges der Natur, ir-*

gendeines Wesens kommt von außen, sie wird nur durch äußere Anschauungen im Innern geweckt. Alle Erkenntnis, alle Wahrheit entsteigt höchstens, durch Äußeres hervorgerufen, gleich Gestaltungen dem Gemüte, der Seele des Menschen.[178] *Der Mensch ... entfaltet, lehrt sich durch das Finden in sich.*[179] *Sokratisch handeln ... der Lehrer sokratisch lehren.*[180] *Er soll das Kind die Erfindungskunst lehren, alles, was es tun, wissen und haben will, in sich zu suchen und zu finden, aus seinem eigenen Lebensquell zu erfinden.*[181] Diese erziehungstheoretischen Zusammenhänge lassen sich direkt aus der Sphäregesetzlichkeit ableiten. Die Emanation Gottes in die Natur, in jedes Lebewesen, in jeden Menschen bedeutet, daß in ihm sich Sphäre in nuce befindet, die es zu entfalten gilt. Nicht das Befrachten mit Informationen zeichnet den Unterricht aus, sondern das Erlernen des Strukturierens, des Erkennens von sachspezifischen und übergreifenden philosophischen Zusammenhängen. Konsequenz für den Unterricht in Keilhau war das Eingehen auf die kindliche Individualität, die möglichst maximale Freisetzung des kindlichen Intellekts («Geist»), der Kreativität (Schöpferkraft, Darstellungstrieb) und eine vielseitige Ausbildung der Fähigkeiten des Zöglings. Das neuhumanistische Bildungsideal also – aber in naturphilosophisch-transzendentalanalytischer Begründung. Da Fröbel Pestalozzi als Sphäriker beurteilte und nur die Praxis der Pestalozzianer, nicht aber Pestalozzis Ansatz der Elementarmethode ablehnte, übernahm er dessen Prinzipien des «ABC der Anschauung». (Ausgang von Anschaulichem, Bekanntem, Übergang zum Unbekannten, Aufbau eines ganzen, systematischen Zusammenhangs, Einsicht in die logische Struktur dieses Zusammenhangs.) Christian Langethal beurteilte dieses Verfahren so: «Verkennen will ich nicht, daß Fröbel sich Mühe gab, alles Geisttötende aus dem Unterricht zu verbannen, daß er anzuregen und zu wecken suchte, und daß, wenn man auch vieles bei ihm nicht lernen konnte, man doch Denken und Schaffen bei ihm gelernt hat ... Da ihm (aber) nur ein sehr beschränktes Feld (an Wissen) zu Gebote stand, so verfiel er in einen doppelten Fehler. Zuerst unterschied er die verschiedenen Naturen der Zweige des Wissens nicht, und daher wurde nun alles über einen Leisten geschlagen und zweitens war er in vielen Fächern nicht imstande, das ganze Feld des Wissens zu überschauen, und die Folge davon war, daß er sich bei dem ihm Bekannten viel zu lange aufhielt, indem er dieses durch unnötige Gliederung bis ins Kleinlichste ausdehnte. Mit einem Worte, er suchte nach einem Organismus und verfiel in einen Schematismus.»[182] Bei Fröbel wiederholte sich in der Praxis also die theoretisch überwundene Gefahr, die Methode als hinleitendes Verfahren zur geistigen Eigenaktivität zum schematisierenden Methodisieren und Vorschreiben entarten zu lassen.

Fröbel war aber keiner Kritik zugänglich. Im Keilhauer Kreis der Soli-

Johannes Arnold Barop

dargruppe war er nicht primus inter pares, sondern geistig Leitender, charismatische Autorität, deren Aussagen nicht überprüft und kritisiert werden konnten. *Daß der Zweck meines Handelns Erziehung ist, daß ich, wie schon längst in mir nun auch außer mir aufgehört habe, mir selbst zu gehören, oder richtiger vielmehr, daß, sowie ich in mir nie mir gehörte, nun dies auch außer mir in meinem Handeln durch mein Tun zeige und stets zeigen werde, das muß Dir unzweideutig schon aus unseren Gesprächen hervorgegangen sein*[183], schreibt er an Langethal 1816. *Arbeit und Tun d. i. möglichst allseitiger Gebrauch und Anwendung unserer Kraft und möglichst reiche Gestaltungen (Produktionen) derselben, ist der sichtbare Grundstein meines Handelns. Wer in meinen Kreis tritt, verpflichtet sich stillschweigend dazu. Die Pflicht ist aber nichts anderes als sein Wille, denn nur in dem Maße, als er dies sein eigenes Wollen erfüllt, wird er seinen Zweck, warum er in diesen Kreis trat, erfüllen. Jedes Glied dieses Kreises gibt nach Maßgabe seiner Kraft und dem Grade der Ausgebildetheit derselben, den andern Gliedern, damit auch es empfange und nehme.*[184] Und im selben Brief an Langethal, der noch schwankt, ob er nach Keilhau gehen soll, stellt Fröbel kurz und bündig fest: *Alles was Erziehung und Unterricht betrifft, wird nur einzig und ausschließlich durch mich bestimmt und geschieht alles unter meiner bestimmten Leitung ... Daß sich um mir ein reines Menschenleben entfalte, ausbilde, erstarke; demselben eine Freistätte zu bereiten ist der einzige Zweck meines Handelns.*[185]

In Langethal und Middendorff fand Fröbel für seine pädagogische Theorie aufgeschlossene und beeinflußbare Mitarbeiter, die er völlig seinem Willen unterwarf. Mit Johannes Barop, einem Neffen Middendorffs, der Anfang 1830 die Leitung Keilhaus übernahm, bestand hingegen ein mehr partnerschaftliches, doch persönlich zurückhaltendes Verhältnis. Barop verstand es, seine Selbständigkeit zu wahren, obwohl er Fröbels Erziehungsprinzipien nicht ablehnte.

Doch zurück zu den ersten Jahren der Keilhauer Anstalt.[186] Zu den ersten sechs Zöglingen gehörten neben den drei Söhnen des Bruders Christoph, Julius, Karl und Theodor, und den beiden Söhnen des Bruders Christian Fröbel aus Osterode (Harz), Ferdinand und Wilhelm, noch Christian, der jüngere Bruder Heinrich Langethals. Im Sommer 1818 übersiedelte auch die Schwägerin Fröbels aus Griesheim bei Stadt-Ilm, der Pfarrei, die Christoph Fröbel bis zu seinem Tod Ende 1813 innegehabt hatte. Im September 1818 heiratete Fröbel die zwei Jahre ältere Henriette Wilhelmine Hoffmeister in Berlin und holte sie nach Keilhau. Die Anstalt hatte inzwischen zehn Zöglinge. Im Mai 1820 siedelte der Bruder Christian aus Osterode mit seiner Frau Caroline und den drei Töchtern Albertine, Emilie und Elise nach Keilhau über. 1822 hatte die Anstalt 22 Schüler, Ende 1825 wurden 57 Zöglinge unterrichtet. 1823 wurden Dr. Herzog aus Luzern und Friedrich Schönbein aus Metzingen als Lehrer angestellt, 1824 zwei weitere Lehrer (Michaelis und Bauer). 1824 fand eine Prüfung durch das Konsistorium von Schwarzburg-Rudolstadt statt, deren Ergebnis positiv ausfiel.[187] Am 16. September 1825 feierte das Osteroder Ehepaar Silberne Hochzeit; Middendorff verlobte sich mit Albertine, Langethal mit Ernestine Crispini, der Pflegetochter Wilhelmine Fröbels aus Berlin. Im Mai 1826 finden die Hochzeiten von Middendorff und Langethal statt. Johannes Barop wird Mitarbeiter in Keilhau. 1827 entläßt Fröbel Dr. Herzog nach heftigen Auseinandersetzungen. Fröbel nimmt Kontakte mit dem Herzog von Meiningen wegen der Einrichtung weiterer Anstalten in Obernitz i. Saalfeld und Helba auf. Die Pläne lassen sich nicht verwirklichen. 1828 reist Fröbel mit Middendorff nach Göttingen und besucht Karl Christoph Friedrich Krause, Autor des Buches «Urbilds der Menschheit» (1811), der die 1822 erschienene Keilhauer Werbeschrift *Über deutsche Erziehung* überwiegend positiv in der Zeitschrift «Isis» besprochen hatte. Dies veranlaßte Fröbel, mit Krause in Briefwechsel zu treten [188] und ihn dann auch aufzusuchen. Ob Fröbel durch das «Urbild» begrifflich und prinzipiell beeinflußt wurde, ist noch nicht untersucht. Begriffliche Übereinstimmungen lassen sich gleichwohl nicht verkennen, und es überrascht auch, daß Fröbel in der *Menschenerziehung* von 1826 im Gegensatz zu den Werbeschriften das Nationale nicht mehr betont – dies die Kritik Krauses. Fröbel hat im Briefwechsel und Gespräch einen Freund und Gleichgesinnten gesucht. Aber er hat zugleich stets die Eigenständigkeit seiner theoretischen Position betont. Krause vermittelt 1828 Fröbel die Bekanntschaft mit Hermann von Leonhardi und der Familie von Frankenberg auf Gut Eddigehaus bei Göttingen. Leonhardi wie insbesondere Adolph von Frankenberg haben dann Fröbels weitere pädagogische Initiativen tatkräftig unterstützt. Adolph von Frankenberg wurde Fröbels Mitarbeiter in der Schweiz.[189]

1829 befinden sich noch fünf Zöglinge in Keilhau. 1830 übernimmt Barop die Leitung der Anstalt und vermittelt 1831 bei einem Besuch der Familie von Holzhausen die Wiederaufnahme des Kontakts zwischen Fröbel und Caroline von Holzhausen. Fröbel reist im Mai nach Frankfurt, lernt dort im Hause von Holzhausen Schnyder von Wartensee kennen, den er für die Gründung einer Erziehungsanstalt auf Schloß Wartensee am Luzerner See begeistern kann. Im August 1831 eröffnet Fröbel dort eine Erziehungsanstalt.

Fröbel hatte im Sphäregesetz von 1811 formuliert: *Nur in der Ehe ist vollkommene Wissenschaft.*[190] In Keilhau sollte die Sphäre gelebt werden. Die Durchdringung alles Seienden durch polare Geschlechtlichkeit, aber aufgehoben in der Erkenntnis des Sphärischen – das bedeutete Ehe für Fröbel. Aber Caroline von Holzhausen? War nicht die Sphäregesetzlichkeit selbst Ausdruck einer schon eingegangenen geistigen Beziehung, einer «Ehe» mit Caroline, war er nicht schon oder noch gebunden?. War die Heirat mit Henriette Wilhelmine Hoffmeister dann nicht sehr vordergründig, pragmatisch: Um den Zöglingen 1818 eine familienähnliche Atmosphäre zu bieten und um die finanzielle Misere Keilhaus etwas zu stabilisieren? Dies traf gewiß auch zu, und doch hat Fröbel mit dieser Ehe versucht, sich aus der Beziehung zu Caroline von Holzhausen zu lösen. Nach seinen eigenen Aussagen ist ihm dies bis 1831 nicht gelungen. Erst 1831 heißt es: *Nun bin ich frei.*[191] Und doch bieten die Briefe der Liebenden von 1817 und 1818 eine beglückende Gleichgestimmtheit.[192] Fröbel hatte die verheiratete, aber in unglücklicher Ehe lebende Tochter des Königlichen Kriegsrats Hoffmeister im mineralogischen Institut der Univer-

Henriette Wilhelmine Fröbel, geb. Hoffmeister

sität Berlin, das er betreute, kennengelernt. Sie besuchte ihn mit dem ihr befreundeten Middendorff: *Ihr hattet meine Steine lieb. Du vor allem zeigtest hohes Interesse an ihrem stillen, stummen Leben, welches ich Dir zu deuten mich bemühete ... Mein Auge ruhete in Deinem.*[193] Im Brief vom

Juli 1818 heißt es: *In Deinem Auge, Deinem Blick fand ich, sah ich im eigentlichsten Sinn – meine Seele … Ich kann Dir nicht mit Worten aussprechen, was Du mir gabst, als Du so ruhig Auge in Auge weilen ließest. Die reine Freude durchfloß mich, da Dein Blick ohne Wanken des Jünglings Blick trug; aber so sicher, so ruhig, so sich unbewußt hatte noch kein Weib meinen Blick ertragen (denn mein Geist hatte dort noch nicht des Mannes Reife).*[194] Henriette Wilhelmine Hoffmeister, die hochgebildete Berliner Patriziertochter, Hörerin bei Fichte und Schleiermacher, band sich an Fröbel, folgte ihm nach Keilhau, in die Schweiz, nach Blankenburg, in die ländliche Abgeschiedenheit und begeisterte sich für seine pädagogische Idee. Ihr Briefwechsel mit Keilhauer Zöglingen aus der Schweiz beweist ihre Einfühlungskraft und ihr pädagogisches Geschick.[195] Aber war sie Fröbels Partnerin? War nicht die Namensänderung – aus «Henriette» (Rufname) wurde «Wilhelmine»[196] – ein Zeichen für die Dominanz Fröbels? Und die immer wieder aufflammenden erotischen Beziehungen Fröbels zu seinen Nichten, zu Emilie wie zu Elise[197] in der Keilhauer Zeit, aber auch noch später während der Schweizer Zeit belegen letztlich nur Gattentreue und Sublimierungsfähigkeit Fröbels innerhalb seiner Ehe, die kinderlos blieb. Ein geistiger Austausch mit Wilhelmine, zumindest in brieflicher Form, ist nicht bekannt. Auch die am breitesten angelegte Reihe von Briefen an seine Frau aus Dresden und Leipzig 1838/39[198] stel-

Keilhau. Ansicht der Erziehungsanstalt

len Berichte dar, formulieren aber keine Probleme oder Fragen, wie Fröbel dies in anderen Briefkorrespondenzen – wie mit Langethal[199] und Friederike Schmidt[200] – tut. Sicherlich aber war die Ehe mit Wilhelmine nach 1831, nach dem erneuten und klärend-distanzierenden Treffen Fröbels mit Caroline und der daraufhin erfolgenden Selbstanalyse im großen Brief an die Keilhauer Frauen vom August 1831[201] harmonischer und für Wilhelmine befriedigender. Aber das von ihm formulierte Ideal der Ehe als der vollkommenen Wissenschaft konnte Fröbel nicht leben. Wie in der Beziehung zu Caroline bleibt auch hier ein Bruch zwischen gelebtem Leben und Theorie. Jedoch ermöglichte die Eheschließung Fröbels die eigentliche pädagogische Atmosphäre der erziehenden Familie Keilhaus. Mit der Übernahme der Leitung durch Barop nun war Fröbels Einfluß weitgehend zurückgedrängt, wenngleich Barop die Anstalt zunächst im Geist ihres Gründers weiterführte.[202] Fröbel wurde zu diesem Schritt durch die finanziell immer schwieriger werdende Lage der Anstalt nach 1826 gezwungen. Ihm lag mehr die Umsetzung seiner pädagogischen Konzeption als die Verwaltung einer Schule, einer Anstalt. Die politische Reaktion der zwanziger Jahre verschonte auch Keilhau nicht. Die Anwesenheit Barops, der Burschenschaftler war, ließ Keilhau einige Jahre in der Öffentlichkeit als «Demagogennest» erscheinen. Hinzu kamen negative öffentliche Äußerungen des entlassenen Dr. Herzog über Keilhau.[203] Erst unter Barops Leitung stieg die Anmeldung von Zöglingen, deren Zahl 1829 auf fünf gesunken war, wieder an.

Die Keilhauer Zeit von 1818 bis 1826 war Fröbels reifste Periode. Zurückgezogen, gebunden an den kleinen Kreis seiner Schule, lehrend, mit den Freunden diskutierend, veräußerlicht er sein Innerstes, das sphärische Gesetz als pädagogisches Problem in Praxis und Publikationen. Nun erscheinen die allgemein- und schulpädagogisch wichtigsten Schriften Fröbels. 1826 liegt mit den sechs Keilhauer Werbeschriften, der nicht vollendeten *Menschenerziehung* (sie behandelt nur Kindheit und Knabenalter, nicht die Phase des Jugendlichen) und dem einen Jahrgang der Wochenschrift *Die erziehenden Familien* das Resümee der schulpädagogischen Arbeit Keilhaus vor. Die Konzeption Helbas und die Planungen der Schweizer Anstalten haben in keiner Weise eine ähnliche Durcharbeitung erfahren, wenngleich sie institutionell-organisatorisch über Keilhau hinausgehen und eine Einheitsschulkonzeption anstreben bzw. Fragen der Lehrerfortbildung mit einbeziehen und mit der erneuten Klärung des ersten, des Elementarunterrichts die Reflexion über Spiel, Spielgabe und Spielort (Kindergarten) vorbereiten.

Die sechs Keilhauer Werbeschriften erscheinen in rascher Folge, in der Zeitschrift «Isis» sowie als eigenständige Schriften. *An unser deutsches Volk* (1820)[204] heißt die erste Schrift. Sie entwickelt im ersten Teil die

These, eine nationale Erneuerung des deutschen Volkes sei notwendig und durch Erziehung möglich – also eine Übernahme des Ansatzes der «Reden» von Fichte (1806). Im zweiten Teil beschreibt Fröbel den Bildungsplan Keilhaus, der an Iferten erinnert, im Musik- und Zeichnen-Lehrgang jedoch an die kreativen Möglichkeiten des Schülers anknüpft und auf die Bedeutung einer familiengemäßen Erziehung sowie der Beschäftigungen in Haus, Hof, Garten und Feld hinweist. Die dritte Werbeschrift: *Grundsätze, Zweck und inneres Leben der allgemeinen deutschen Erziehungsanstalt in Keilhau bei Rudolstadt* erscheint 1821.[205] Sie entwikkelt ausführlicher als die erste Schrift den Bildungsplan Keilhaus. Dabei wird zwischen einem grundlegenden, *ersten Unterricht* und einer zweiten Stufe des traditionellen Unterrichts in Fächern unterschieden. Die Formel des gesamten Unterrichts lautet: *Tue dies, und siehe, was in dieser bestimmten Beziehung aus deinem Handeln folgt, und zu welcher Erkenntnis es dich führt*[206] – Arbeits- und Wissensunterricht also. Die vierte Werbeschrift trägt den Titel: *Die allgemeine deutsche Erziehungsanstalt in Keilhau betreffend* (1822).[207] Sie wie auch die fünfte *Über deutsche Erziehung überhaupt und über das allgemeine Deutsche der Erziehungsanstalt in Keilhau insbesondere* (1822)[208] fassen die vorausgehenden Schriften zusammen. Die sechste und letzte Schrift: *Fortgesetzte Nachricht von der allgemeinen deutschen Erziehungsanstalt in Keilhau* (1823)[209] hingegen berichtet über didaktische Neuerungen wie den Epochenunterricht im *allgemein begründenden Unterricht* bzw. im *besonderen Unterricht* und über den *lehrenden Schüler* und reflektiert über die Beziehung von Internat und Elternhaus. Die wichtigste Schrift dieser Reihe stellt jedoch die zweite dar: *Durchgreifende, dem deutschen Charakter erschöpfend genügende Erziehung ist das Grund- und Quellbedürfnis des deutschen Volkes* (1821) lautet ihr Titel.[210] Sie ist bereits 1819 entstanden und ihr liegen Entwürfe zum sphärischen Gesetz aus der Göttinger Zeit zugrunde.[211] Fröbel faßt hier nochmals das Sphäregesetz in prägnanten Formulierungen zusammen und erarbeitet das Konzept einer Erziehung des deutschen Volkes zu seinen Möglichkeiten von der Folie der Sphäre aus: Alles strebt nach der Einheit, zu Gott, alles, auch der Mensch hat *die Darstellung des absolut Inneren* zur Aufgabe. *Dieses Streben nach Einheit, nach Einheit in sich, nach Einheit in Gott, nach Einheit unter sich, ist Eintracht. Dieses Streben nach ursprünglicher Einheit ist Liebe.*[212] *In einem gemeinsamen Werke, welches eine das Wesen des Menschen erschöpfende Einheit in fortschreitender Entwicklung darstellt, fühlt sich das Volk, schaut und erkennt es sich als eine umfassende, würdige, zum Vollkommenen fortschreitende Einheit an. Ein solches Werk kann nur die allgemeine Volkserziehung ... durch eine dem Wesen der Menschennatur und des Menschengeistes genügend entsprechende Erziehung jedes einzelnen Gliedes des Ganzen sein.*[213]

Gut Helba bei Meiningen

Einsicht in das Ganze bringt also auch Einsicht in die Gesamtheit des Volkes und in die eigene Teilhabe als Glied dieses Volkes und festigt die Gemeinschaft des Volkes als das gemeinsame Wissen und Handeln im Rahmen einer gemeinsamen Aufgabe. Dieses Programm zur Zeit der Karlsbader Beschlüsse mutet revolutionär und naiv zugleich an – revolutionär, weil hier die politische Sprengkraft Fichtes, des Liberalismus und der Volksbewegung von 1813/14 enthalten ist, naiv angesichts der politischen Realität. – In gleicher Weise unrealistisch wirkt seine Forderung nach Gründung von Frauenvereinen zur Beförderung der Nationalerziehung, die er seiner Landesfürstin in mehreren Schreiben 1820/21 [214] mit der Begründung vorträgt, das Streben der Männer sei *jetzt zu zerstükkelnd*[215].

Die Tageblätter der Jahre 1818, 1820 und 1823 gehen zur Reflexion der Beziehung von Sphäre und Christus bzw. der Trinitätsproblematik über.[216] Hier finden sich sphärisch-christologische Spekulationen über das neugeborene bzw. kleine Kind und Äußerungen zur Gleichsetzung von Erziehung und Christentum vor. *Jesus trat in und durch eine Einheit hervor, forderte (daher) Eines = Sinnesänderung = Wiedergeburt = Zurückkehren zur Kindheit, aber mit Wissen. Bewußtsein = Verleugnung des Äußern und nur Hinwenden nach dem Innern.*[217] Das von Jesus verheißene Reich Gottes wird erst verwirklicht, *wenn wir Söhne Gottes sind, durch uns selbst Söhne Gottes sind*[218]. Von diesem sphärisch begründeten Christentum aus wird verständlich, weshalb in Keilhau die Weihnachtsfeier das große Fest der Anstalt war – geschildert in dem Aufsatz: *Die Feier des Christfestes der Erziehungsanstalt in Keilhau*[219] – und weshalb Fröbel in den vierziger Jahren mit Wislicenus in Verbindung trat, dem Begründer «Freier Gemeinden», welcher kirchliche Tradition und biblischen Wortglauben ablehnte. – In den folgenden Jahren treten Tagebuchaufzeichnungen zugunsten der Arbeit an der *Menschenerziehung* und der Vorbereitung der Wochenschrift *Die erziehenden Familien* zurück. Es bereitet sich auch Fröbels Abwendung von Keilhau vor.[220] Die Krisensituation nach 1826 spiegelt sich in einem Brief: *Noch steht das äußere Leben ganz auf demselben Punkt seiner Unentwickeltheit und in dieser Hinsicht umgeben von einer dunklen gewitterschwangeren Nacht, aus deren schwarzen Wolken in jedem Augenblick ein – der vernichtende Blitz sich loszureißen droht. Gott aber hat mit seinem gewaltigen allmächtigen Arm bis jetzt immer noch sein schützendes Schild über uns gehalten ...*[221] Die Verhandlungen mit dem Herzog von Meiningen wegen einer weiteren Erziehungsanstalt in Helba, die von 1827 bis 1829 geführt wurden[222], zerschlugen sich trotz Vertragsabschluß. Fröbel hat 1827/28 begonnen, zwei Briefe, einen an den Herzog von Meiningen (der nicht abgeschickt wurde) und einen an Krause als Motiv zu einem Lebensrückblick zu verwenden. Auch in dieser Rückkehr in die Vergangenheit drückt sich sein innerer Zustand aus, der Neues ersehnte und das Gewesene nur noch betrachtete. Die Krise Keilhaus (finanzielle Notlage, Abmeldungen von Zöglingen) wird zur Krise Fröbels. Helba sollte zum großen Wurf werden. In einem Brief an Barop[223] beschreibt er seinen Gesamtplan, das Konzept einer räumlich additiven Einheitsschule: Auf eine *Pflege- und Entwicklungsanstalt* (für Drei- bis Siebenjährige) baut sich die *Volkserziehungsanstalt* auf (eine Arbeits-Produktionsschule für das Knabenalter).[224] Dann erfolgt die Verzweigung in die Bildungsanstalt für deutsche Kunst und deutsches Gewerbe (Real-/Berufsschule) und in die *Erziehungsanstalt* in Keilhau (Gymnasium). Es folgen Universität bzw. eine *Erhebungsanstalt* (Volkshochschule).[225] Das Scheitern dieser weitgreifenden Pläne läßt Fröbel resignieren. Seine Reise nach Frankfurt zu Caroline von Holzhausen (Mai/Juni) und dann in die Schweiz im August 1831 bedeutet also Abschluß und Neuanfang zugleich.

Die «Menschenerziehung»

In allem ruht, wirkt und herrscht ein ewiges Gesetz; es sprach und spricht sich im Äußern, in der Natur, wie im Innern, in dem Geiste, und in dem beides Einenden, in dem Leben immer gleich klar und gleich bestimmt ... aus ... Diesem allwaltenden Gesetze liegt notwendig eine allwirkende, sich selbst klare, lebendige, sich selbst wissende, darum ewig seiende Einheit zum Grunde ... Diese Einheit ist Gott ... In allem ruht, wirkt, herrscht Göttliches, Gott ... Alle Dinge sind nur dadurch, daß Göttliches in ihnen wirkt. Das in jedem Dinge wirkende Göttliche ist das Wesen jedes Dinges. Die Bestimmung und der Beruf aller Dinge ist: ihr Wesen, so ihr Göttliches und so das Göttliche an sich entwickelnd darzustellen, Gott am Äußerlichen und durch Vergängliches kund zu tun, zu offenbaren. Die besondere Bestimmung, der besondere Beruf des Menschen als vernehmend und vernünftig ist: sein Wesen, sein Göttliches, so Gott, und seine Bestimmung, seinen Beruf selbst sich zum völligen Bewußtsein, zur lebendigen Erkenntnis, zur klaren Einsicht zu bringen und es mit Selbstbestimmung und Freiheit im eigenen Leben auszuüben, wirksam sein zu lassen, kund zu tun. Das Anregen, die Behandlung des Menschen als eines sich bewußt werdenden, denkenden, vernehmenden Wesens zur reinen unverletzten Darstellung des innern Gesetzes, des Göttlichen mit Bewußtsein und Selbstbestimmung, und die Vorführung von Weg und Mittel dazu ist Erziehung des Menschen.[226]

Mit diesen Sätzen beginnt Fröbels Hauptwerk, die *Menschenerziehung* von 1826. Ihr vollständiger Titel lautet: *Die Menschenerziehung, die Erziehungs-, Unterrichts- und Lehrkunst – 1. Band. Bis zum begonnenen Knabenalter.* Fröbel wollte auch die Zeit des Jugendalters und dessen schulpädagogische Betreuung beschreiben und dabei die Erfahrungen Keilhaus einbringen. Denn Keilhau hatte ja sieben- bis achtzehnjährige Zöglinge und war gewissermaßen eine Einheits(Gesamt)schule im Kleinen. Doch brach Fröbel die Arbeit an der *Menschenerziehung* nach dem vierten Teil, der den Menschen als Schüler beschreibt und in dem er über den ersten Unterricht in Keilhau referiert, ab. Ein zweiter Band ist nie erschienen. Das Werk beginnt mit einer philosophischen Grundlegung

Die

Menschenerziehung,

die

Erziehungs-, Unterrichts-

und

Lehrkunst,

angestrebt

in

der allgemeinen deutschen Erziehungsanstalt

zu Keilhau;

dargestellt

von

dem Stifter, Begründer und Vorsteher derselben,

Friedrich Wilhelm August Fröbel.

Erster Band.

Bis zum begonnenen Knabenalter.

Keilhau 1826.

Verlag der allgemeinen deutschen Erziehungsanstalt.

Leipzig, in Commission bei A. Wienbrack.

(Teil 1). Ihr folgen die Beschreibung des Kind- und des Knabenalters (Teil 2 und 3). Weshalb Fröbel die *Menschenerziehung* nicht vollendete, ist nicht mit letzter Gewißheit zu beantworten. Sicherlich waren die sich verschlechternden äußeren Bedingungen nicht ermutigend. Aber Fröbel mußte an diesem geplanten weiteren Teil auch deshalb scheitern, weil es ihm nicht gelang, didaktisch-fachtheoretisch den Zusammenhang von erstem, von Elementarunterricht und von weiterführendem fachlichen Unterricht zu klären. Hierzu fehlten ihm die fachwissenschaftlichen Voraussetzungen. Der Bildungsplan der *Menschenerziehung* blieb daher Fragment.

Im Original von 1826 war die philosophische Grundlegung durch größeren Druck von den nachfolgenden Teilen hervorgehoben. In den *Erziehenden Familien* (Wochenschrift) gab Fröbel zum Verständnis seines Buchs eine Disposition, die Lange bei der Neuauflage 1862 in den Text einfügte und mit Paragraphen (insgesamt 105) versah.[227] Der erste Teil in 23 Paragraphen faßt die Sphärereflexion der vergangenen fünfzehn Jahre zusammen. *In allem ruht, wirkt und herrscht ein ewiges Gesetz* – die Sphäre. Gott hat durch Emanation Natur und Geist als Gegensätze geschaffen und ist als Kraft, als wirksames, zu sich selbst, also zur Einheit (Gott) zurückstrebendes Gesetz in *Natur* und *Geist* enthalten. Natur ist dabei das *Äußere*, Geist das *Innere*. Der Mensch ist Äußeres und Inneres zugleich mit einer Dominanz des Innern. Er ist Geist, Inneres, das sich äußert: in Sprache, Kunst, Wissenschaft, Religion. Alle Dinge tragen ihr Wesen, göttliche Kraft, Sphäregesetzlichkeit in sich und stellen diese an sich dar. Aber sie werden sich ihrer nicht bewußt. Die gelebte Sphäre der Naturwesen weiß nicht um sich selbst und um ihren Ursprung. Der Mensch als Geistwesen lebt jedoch nicht nur das ewige Gesetz, indem er sich äußert: die Tatsache, daß er überwiegend Geist, Inneres ist, befähigt ihn auch zur Einsicht in die Sphäre und damit zum Erkennen der dieser zugrunde liegenden Einheit (Gott). Dies ist dann *Leben*. Die Schöpfung ist nicht abgeschlossen. Gott wirkt als Ausstrahlung in den Lebewesen als deren Wesen, Gesetz, produktive Kraft weiter. Gott wirkt nicht durch Offenbarungen, sondern – dies die panentheistische Position Fröbels – indirekt über die göttliche Gesetzlichkeit in den Dingen. Gott geht aber nicht in der Schöpfung auf. Fröbel ist also kein Pantheist, dem Gott und Schöpfung eins sind, sondern er ist Panentheist und geht von der Geschiedenheit von Gott und Schöpfung aus, die verbunden sind durch die unendliche, sich nicht erschöpfende Ausstrahlung Gottes in der Schöpfung, als Natur und Geist (Mensch). Dabei besitzt auch Natur Geist, Inneres und somit die Wirkkraft, sich selbst darzustellen: *Das Sphärische ist die Darstellung der aus der Einheit sich entwickelnden, in ihr ruhenden Mannigfaltigkeit und die Darstellung der Rückbeziehung aller Mannigfaltigkeit auf die Einheit*, heißt es in der zweiten Werbeschrift.[228] Natur ist bei Fröbel nicht wie bei Fichte das rein Äußere, das Tote, sondern in Übereinstimmung mit Schelling die mehr mit Äußerem ausgestattete Welt der Wesen (anorganischer und organischer Bereich). Natur, Pflanzen und Tiere sind das Äußere der Dinge, die aber Inneres enthalten, sich im Äußeren darstellen und dieses durchdringen. Das Geist-sein alles Lebenden ist ein unbewußtes Geist-sein und zeigt sich an der Naturseite der Wesen. Inneres äußert sich durch das Äußere: *Alles Innere wird von dem Innern an dem Äußern und durch das Äußere erkannt.*[229] Der Mensch vermag durch seine Vernunft, sein spezifisches Geist-sein sich selbst als produktives, sich äußerndes Wesen zu begreifen, indem er seine Äußerungsfähigkeit, sein Inneres auf sich selbst richtet, re-flektiert. Indem der Mensch über sich nachdenkt, begreift er sich als sich selbst bewußtes Wesen und erfaßt zugleich die Gesetzlichkeit von Natur. Er vermag die Schöpfung nachzudenken, *Gott ... zur klaren Einsicht zu bringen*[230], die Sphäre nicht nur zu leben, sondern diese auch zu denken. *Innerliches äußerlich zu machen, Äußerliches innerlich zu machen, für beides die Einheit zu finden; dies ist die allgemeine äußere Form, in welcher sich die Bestimmung des Menschen ausspricht.*[231] Der Mensch ist ein produktives, schöpferisches Wesen, das sich in Kontinuität entfaltet und darstellt. Das Wesen des Menschen ist prinzipiell gut, das heißt analytisch-konstruktiv, bewußt und produktiv. Den nicht-produktiven, bewußtlos lebenden Menschen kennt Fröbel auch. Diese Entfremdung kommt durch falsche Erziehung, durch soziale Einflüsse zustande. Deren philosophisch-anthropologische Begründung aber bleibt offen. Die traditionell hier einsetzende theologisch-philosophische Diskussion um Erbsünde bzw. Freiheit des Menschen nimmt Fröbel nicht zur Kenntnis. Hier deutet sich ein Bruch in seiner Konzeption an.

Die philosophische Grundlegung der *Menschenerziehung* im Sphäregesetz ermöglicht drei pädagogische Folgerungen: Erziehung und Unterricht haben die Produktivität des heranwachsenden Menschen zu bestätigen und weiterzuführen. Unterricht ist erarbeitender, darstellender Unterricht, der vom Schüler ausgeht und ihn mit der Gesetzlichkeit des Seins konfrontiert. Unterricht soll also auch körperlich-manuelles Arbeiten mit einbeziehen. *Erziehung wie Unterricht sollen ursprünglich und in ihren ersten Grundzügen notwendig leidend (nur behütend, schützend), nicht vorschreibend, bestimmend, eingreifend sein.*[232] *Eine mehr vorschreibende Erziehung* gibt es erst *bei dem beginnenden Klarwerden über sich* (also im Knabenalter vom siebten Lebensjahr an) und wirkt dabei über den *klaren Gedanken* oder über das *vollkommene Musterhafte.*[233] Erziehung und Unterricht haben die Möglichkeiten des Zöglings und Schülers zu beachten, diese zu fördern, nicht zu zerstören. Sie haben ihn aber mit Gesetzen, Strukturen von Realität zu konfrontieren, seine Subjektivität ins Objektive zu integrieren.

Und schließlich heißt es: *Zwischen beide, Erzieher und Zögling, muß unsichtbar ein Drittes – das aus den Bedingungen notwendig hervorgehende und willkürlos sich aussprechende Beste, Rechte walten, ein Drittes, das Dritte, welchem Erzieher und Zögling gleich und ganz ebenmäßig unterworfen sind.*[234] Beide, Erzieher wie Zögling, sind der Sphäre verpflichtet, haben gemeinsam Unterrichtsklima, Schulleben und Erziehungsatmosphäre zu entwickeln und zu verantworten. Die Notwendigkeit gemeinsamer Regelungen, eines Ethos soll allen Beteiligten bewußt sein.

Der zweite Teil der *Menschenerziehung* behandelt die Entwicklungsabschnitte des Säuglings und des Kleinkindes. Eine Fülle von heute noch gültigen Erfahrungen und Beobachtungen werden vorgetragen und vom Sphäregesetz her interpretiert, das Fröbel in der *Menschenerziehung* stets als die dialektische Beziehung vom Verinnerlichen des Äußeren und dem Veräußerlichen des Innern definiert. Einflüsse Rousseaus sind unverkennbar. Der Säugling ist ein verinnerlichendes, Umwelteinflüsse aufnehmendes Wesen, das Kleinkind hingegen äußert sein Inneres in der Sprache und im Spiel. Fröbel hat in diesem Zusammenhang eine anschauliche Anweisung für die Kleinkinderziehung gegeben und bemerkt ausdrücklich, er gebe diesen Leitfaden der Mutter, damit sie *bewußtes Wesen* werde[235] und damit das Kind dazu gebracht werde, die Dinge seiner Umgebung recht und *richtig anzuschauen*, um dann die Dinge *recht und richtig, bestimmt und rein* zu *bezeichnen*[236]. Diese Anschauungs- und Sprachlehre knüpft an Pestalozzis Mütterbuch an und stellt eine Vorstufe der *Mutter- und Koselieder* (1844) dar. Es geht dabei um das Kennenlernen des eigenen Körpers, das Benennen der Dinge der kindlichen Umgebung und ihrer Eigenschaften; es geht um das Bewußtmachen dessen, was das Kind gerade tut, um Sinnesübungen, um Analogiebilden, um das Wecken sozialer Gefühle, um die Schulung des Gesangs- und Sprachvermögens sowie um Grundfertigkeiten im Rechnen.[237] Ferner beschreibt Fröbel die Sammelleidenschaft, den Spieleifer dieses Alters und kennzeichnet eine Entwicklungsreihe kindlichen Zeichnens. Dies alles soll aber nicht durch Belehrung, sondern im spielerisch-anleitenden Umgang im Rahmen der häuslichen Atmosphäre sich vollziehen. Am Ende dieser Entwicklungsstufe vermag das Kind eine erste Differenzierung von *Natur* (Gegenstandwelt), *Kunstwelt* (die von Menschen geschaffene Welt) und *eigener Innenwelt* vorzunehmen.[238]

Es folgt die Beschreibung des Knabenalters. Der Knabe ist nun schulfähig, er steht vor einer neuen Stufe der Verinnerlichung, der Aneignung. Diese Stufe ist die Stufe des *Lernens*, des *vorwaltenden Unterrichts*[239] *Schule ist also, wo der Mensch zu der Erkenntnis der Gegenstände außer ihm und deren Wesen nach den in ihnen liegenden besonderen und den allgemeinen Gesetzen gebracht wird und gelangt; wo der Mensch durch Vorfüh-*

rung des Äußeren, Einzelnen, Besonderen zum Erkennen des Allgemeinen, des Innern, der Einheit gebracht wird und gelangt. Darum wird der Mensch als Knabe zugleich zum Schüler ... Unter Schule wird also keineswegs hier weder die Schulstube, noch das Schulhalten verstanden, sondern die Mitteilung von Kenntnissen mit Bewußtsein für bewußten Zweck und in sich bewußten innern Zusammenhang.[240] Diese Definition erinnert an eine briefliche Äußerung Fröbels von 1817. Er berichtet Langethal von der Mithilfe der Zöglinge bei der Ernte und sagt: ... *deswegen ist unser Leben jetzt so beschaffen ... d. h. es ist mehr Leben als Schule und dies dünkt mich, ist auch für alle jetzt mit mir lebenden recht heilsam ... wer nicht in und durch Leben die Bedeutung der Schule (im höchsten Sinne des Wortes als Kunstanstalt genommen) gefunden hat, dem wird nie die Schule ins Leben übergehen, zum Leben werden. Denn wohl ist die Schule das höchste, aber nur dann, wenn sie Leben ist.*[241] Fröbel überhöht die Institution Schule durch einen systematischen Begriff von Schule, der zugleich die institutionell-organisatorisch bedingten Funktionen dieser Einrichtung relativiert. Die *Menschenerziehung* ist zum Großteil Theorie der Schule und des schulischen Bildungsplans. Aber beide Bereiche werden eingebettet in die vorrangige und jeder erzieherischen Beeinflussung zugrunde liegenden Philosophie vom Menschen, die menschliche Bezüge integriert.

Der Knabe im Schulalter will tätig sein um *des Werkes, des Erzeugnisses* willen und an den Beschäftigungen der Eltern beteiligt werden.[242] Diese Altersphase ist durch Lust nach Abenteuer bestimmt. Fröbel spricht vom *Steigen in Höhlen und Klüften, vom Klettern auf Bäume und Berge, vom Suchen in Höhen und Tiefen, vom Schweifen in Wäldern und Feldern.*[243] Spiel und Werken bilden handwerkliche Funktionen nach und üben soziale Regeln ein.[244] Erzählungen erweitern das Weltbild[245], Liedersingen dient der Gemütspflege, Gartenpflege entwickelt Verantwortlichkeit.[246] Der Bildungsplan der Menschenerziehung umfaßt den größten Teil des Werkes und gliedert sich in die Beschreibung von fünf Unterrichtsbereichen (Religion, Natur, Mathematik, Sprache, Kunst)[247] und in die Darstellung von siebzehn Lehrgängen[248], von denen die ersten zwölf dem elementaren Unterricht, die weiteren in die zweite Hälfte des Knabenalters gehören und den fachlichen Unterricht vorbereiten (Zahlen- und Formenkunde, Sprechübungen, Schreiben, Lesen).[249] Gemeinsam ist allen diesen Beschreibungen, daß ihre jeweilige Begründung gemäß der Sphärentheorie den Zusammenhang aller Bereiche und Lehrgänge nachweist, daß Fröbel möglichst alle kindlichen Kräfte anzusprechen (Einsicht, Gefühl, Darstellungstrieb) und die elementare Struktur des jeweiligen Bereichs bzw. Lehrgangs herauszuarbeiten versucht. Der Einfluß von Pestalozzis Elementarmethode und der Rückgriff auf die Denkschrift von 1809 ist unverkennbar.

Ein Zusammenhang muß noch eigens herausgestellt werden. Bei der Beschreibung des Seins(Lern)bereichs der Natur greift Fröbel auf seine kristallographischen Einsichten zurück, nach denen an den Kristallformen phänomenenhaft-symbolisch das Sphäregesetz angeschaut werden kann. Diesen transzendentalkritisch-spekulativen Gedanken überträgt er nun auf den gesamten Naturbereich und unterscheidet in der Natur drei Gruppen: die Minerale oder *Festgestalten*, die Pflanzen und die Tiere. Das Gesetz dieser drei Gruppen äußert sich jeweils unterschiedlich, aber ähnlich. Kraft äußert sich als formgestaltend. Bei den Mineralen geht Fröbel von der *Urgestalt* der Kugel aus[250]; der Weg führt über den Würfel zu den verschiedenen kristallographischen Formen, zu zusammengesetzten Formen, die sich der Kugelgestalt wieder nähern und *traubig, knospig, kuglig* sind.[251] Die (sphärische) Gesetzmäßigkeit besteht darin, daß sich die bei der Kugel zunächst als Achsen ausbildende Kraft beim Würfel als Fläche zeigt und bei den folgenden Formen jeweils die Kanten zu Flächen sich wandeln. Es handelt sich also um eine Reduzierung des gesamten Bereichs des Anorganischen auf mathematisch-stereometrische Gesetze, die in den Urformen der Kristalle plastisch werden. Mit dieser symbolisierenden Elementarmethode scheitert Fröbel bei der Kennzeichnung der Wesensgesetze von Pflanze und Tier. Die Pflanze ist das *Lebende*, das Tier das *Lebendige*.[252] Die Pflanze wird durch das Gesetz des Strahlenden, durch gesteigerte Formenverhältnisse und durch einfache Zahlenverhältnisse (2, 3, 5) bestimmt. Das Tier wiederum ist durch das Prinzip, das Element des Kugligen und durch einen Organismus (Körperbau) in einem bestimmten Zahlenverhältnis gekennzeichnet, das sich bei den höheren Stufen steigert.[253] Fröbel sieht hier zwar teilweise richtige gemeinsame Merkmale, verkürzt aber doch die Phänomensicht zugunsten einer spekulativ-sphärisch ermittelten elementaren Struktur. Den gleichen Fehler begeht Fröbel in seinem Aufsatz: *Die Kunde der Formen und Gestalten* aus der Wochenschrift *Die erziehenden Familien* (1826)[254]. Mit diesem Text will Fröbel zeigen, wie man fünf- bis siebenjährige Kinder in die Formenkunde einführen kann. Er bietet also eine Formenlehre im Rahmen des Pestalozzischen «ABC der Anschauung». Einfache oder allgemeine Formen[255] sind dabei das Kuglige, Würflige, Säulenartige, die Scheiben- und Tafelform. Diese elementaren Formen werden an Hand eines Lehrgangs durch konkrete Anschauung wirklicher Dinge gewonnen und sollen sich als elementare Formen dem Kind so einprägen, daß es beim Betrachten von Gegenständen diese gewissermaßen mit den geometrischen Elementarformen sieht. Die Folge ist leider, daß das Phänomen in seinem Sinnbezug zurücktritt: es wird zu einem Phänomen wiedererkannter Abstrakta. Der Aufbau des Lehrgangs verdeutlicht denn auch, wie rasch Fröbel die anschauliche Ebene zugunsten der Analyse des Zusammenhangs der reinen Formen verläßt. Gleichwohl ist dieser Aufsatz von Bedeutung, weil er zusammen mit der Darstellung des Lernbereichs Natur in der *Menschenerziehung* Fröbels Standpunkt einer symbolischen Sicht des Sphäregesetzes in der Kristallwelt von 1826 markiert und hier der Übergang zu den Spielgaben Ende der dreißiger Jahre bereits angedeutet ist. Entscheidend ist hier, daß Fröbel die geometrische Analyse dem Unterricht zuweist, aber diesem ein Beschäftigen, Anschauen mit konkreten Gegenständen wie zum Beispiel einem Schrank vorausgeht, an dem geometrische Zusammenhänge, aber diese eben auch bereits als geometrische Sachverhalte erfaßt werden. Um diese Formen nun reiner dem Kind vor Augen zu stellen, sagt Fröbel, das Kind sei zum *Selbstformen, zum Selbstbilden* zu führen: ... *zur Bildung von gleichlaufendseitigen Körpern; von würfligen, säuligen, von balken-, backstein- und tafelförmigen und steige nun zu immer mehrseitigen und ausgebildeteren Formen hinauf wie vorher herab; das Ziel ... sei auf dieser Stufe die Kugel.*[256] Auch hier soll das Kind einen strukturellen Zusammenhang zuerst anschaulich erfassen, bevor dieser dann als Lehrgang abstrakt vorgeführt wird. Aber diese Struktur wiederum soll in «gereinigter» Anschauung erkannt werden. Diese «gereinigte» Anschauung, die gleichwohl gegenständlich bleibt, bietet die Reihe der Kristallformen. Hier setzt Fröbels Reflexion über die Spielgabe wieder ein.

So mündet alles in die sphärische Weltsicht als dem Ziel der Menschenbildung. Und so heißt es denn auch in der ersten Nummer der Wochenschrift: *Die erziehenden Familien*: *Für eine solche Erziehung der Familien zur Einheit und Übereinstimmung im Denken wie im Handeln in Beziehung auf die höchste Angelegenheit des Menschen – Erkennen und Darstellen des Göttlichen in allen Dingen, besonders in und durch das Leben der Menschen – zu wirken und zu sorgen, ist darum die Forderung der jetzigen Entwicklungsstufe der Menschheit.*[257]

Und wie fällt es mir jetzt, jetzt das Leben in seinem großen, innig einigen, lebendigen Lebenszusammenhang sehend, wie Schuppen und Schleier vom Auge, und Fragen, die ich mir Hunderte von Malen als mir die aller- und höchst wichtigsten Lebensfragen vorlegte und (die) mir immer versiegelt, immer ungelöst blieben, jetzt liegt gelöset die Frage und geöffnet die Antwort vor mir. Die große und so allgemein als besonders ganz einzig mir bei meinem Leben und Streben so hochwichtige Lebenstatsache nicht nur der Verschiedenheit, Getrenntheit und Entgegensetzung des Innersten und Äußern sollte ich erfahren, sondern was ich selbst so Hunderte, ja Tausende von Malen schon selbst ausgesprochen hatte, daß das Innerste das Äußere schaffe und bedinge, das sollte ich als eigene Lebenstatsache nicht nur erleben, sondern selbst leben ...[258] *Die Entwicklungen des menschlichen Lebens gewinnen auch nach dem Grade ihres zunehmenden äußeren, ich möchte sagen umkreisenden (peripherischen) Umfanges an steigender Wichtigkeit.*[259] *Ich werde mich bemühen ... mein Leben und in und mit und durch dieses alles Leben als erscheinendes und daseiendes, d. i. als ein in der Erscheinung werdendes, in seinem innersten Keim- und Quellpunkte zu erfassen.*[260] *Anfangs- und Endpunkt fallen ineinander, Ausgangs- und Zielpunkt sind eins, sind Eines! Und doch liegt zwischen beiden eine Ewigkeit von Leben, eine Unendlichkeit von Freud und Leid, von Lust und Schmerz ... von – Leben und Tod. Doch wie kann, wie könnte es denn anders sein? Ist dieses Eine nicht die Liebe? – Ja, die Liebe, dieses ewige Ruhen im ewig Einen, dies ewige Leben im ewig Einigen und doch dieses ewige Streben nach dem Einen und Einigen – das ist der Ausgangs- und Zielpunkt, der Keim und die Frucht ... meines inneren Lebens.*[261] Diese Partien aus einem umfangreichen Brief an die Frauen der Keilhauer Gruppe, geschrieben kurz nach Eröffnung der Erziehungsanstalt Wartensee spiegeln Fröbels Wunsch nach Beichte und Bekenntnis zugleich. Im Rückblick erfaßt er Intimstes, so seine Beziehung zu Caroline von Holzhausen, aber auch seine erotischen Gefühle für Albertine und Emilie; er vergegenwärtigt sich Kindheit und Jugend und bekennt sich zugleich zu seiner Sphärephilosophie: Sein Leben sei exemplarisches Leben; an ihm

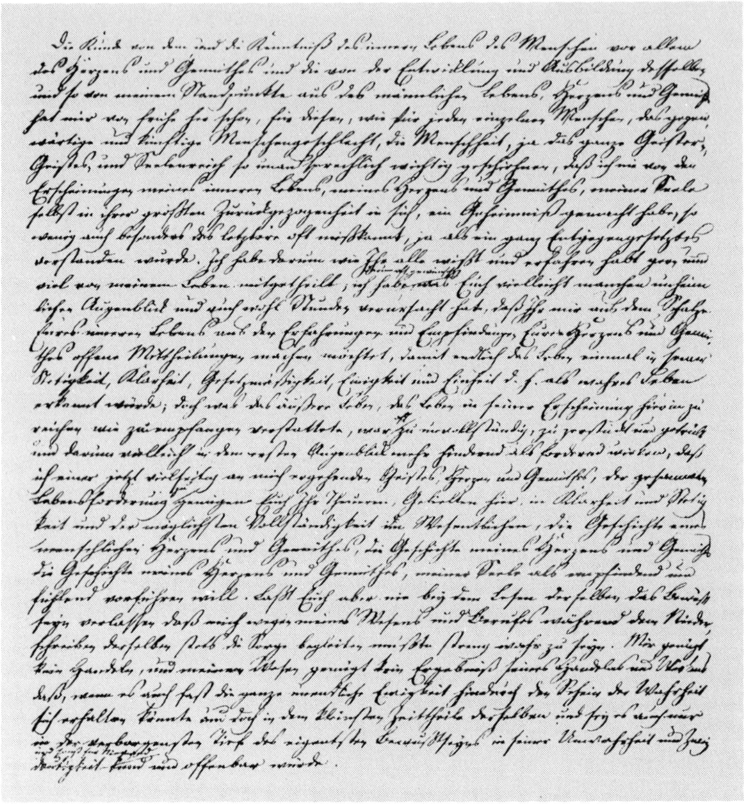

Faksimile-Brief an die Frauen in Keilhau. (1831)

zeige sich Sphäregesetzlichkeit und damit menschliches Leben schlechthin. Es ist nicht der erste und auch nicht der letzte autobiographische Versuch Fröbels. Voraus gingen die Briefe an Krause und den Herzog von Meiningen[262], es folgten drei weitere Bekenntnisse[263]. Doch dieser Brief enthält die radikalste Aussage; er ist eine schonungslose, Kampf und Auseinandersetzung offenbarende Selbstanalyse. Fröbels Wanderjahre beginnen.

Fröbel ist in den Schweizer Jahren ungemein produktiv. Im Gegensatz zur Göttinger und Berliner Zeit und den ersten Jahren in Keilhau überwiegen nun nicht mehr die Tagebucheintragungen, auch nicht die Arbeit an Publikationen, sondern die Briefe. Nahezu zweihundert Briefe hat

Fröbel in diesen fünf Jahren geschrieben[264], davon vier umfangreichere, die autobiographischen Inhalt haben.[265] 1833 erscheint die einzige Veröffentlichung dieser Zeit, die *Grundzüge der Menschenerziehung*[266], die bereits im Oktober 1830 abgefaßt wurden, der Zensur wegen aber nicht in Deutschland erscheinen konnten, sondern in der Schweiz publiziert werden mußten. Die *Grundzüge* greifen das Programm der Nationalerziehung, der Erziehung aller Deutschen auf, das bereits in den Werbeschriften dargelegt worden war, und sie geben uns Einblick in das politische Denken Fröbels. Ausgangspunkt der Argumentation ist die neue Zeit, die *große Zeit- und Weltoffenbarung*[267], wobei ganz offensichtlich auf die Juli-Revolution angespielt wird. Die Brisanz dieser Schrift liegt darin, daß sie einer sphärisch begründeten allgemeinen Erziehung zwar zutraut, jeder in ihrem Sinne erzogene Deutsche *werde seinen Kreis, sein Leben, seinen Beruf, seine Bestimmung ganz ergreife(n), ganz erfülle(n), ihm ganz genüge(n)*[268], sie sich aber zugleich an *alle Deutschen* wendet (also auch an die, die eine solche Erziehung nicht genossen haben) und sie zu einem *gesamten, einigenden deutschen Volks- und Nationalwerk* aufruft.[269] Dieser Aufruf zur nationalen Einigung aber mußte der politischen Zensur der Restaurationsphase suspekt erscheinen.

Gegen Ende der Schweizer Zeit entsteht die Abhandlung: *Erneuung des Lebens fordert das neue Jahr 1836.*[270] (Sie wird erst durch die Lange-Edition von 1862/63 einer breiteren Öffentlichkeit zugänglich.) Fröbel trägt hier ähnliche Gedanken vor, stellt aber nun die Familie in den Mittelpunkt. Sie kann zum Einklang mit dem Göttlichen nur durch einen intensiven Bezug zu Sprache, Volk und Staat gelangen. Bereits in der ersten Werbeschrift war im Sinne Fichtes der deutschen Sprache die Bedeutung einer Ursprache zuerkannt und die Gemeinschaft des Volkes damit auch konstituiert worden. Dennoch gesteht Fröbel den Deutschen – hier hat er die Schweizer Verhältnisse vor Augen[271] – eine solche Lebensmöglichkeit der Familie nicht zu, weil der Staat als Ganzes von Sprache, Volk und Territorium die Menschen *behindert, durch Beschränkung des Lebensverkehrs, des geistigen noch mehr als des materiellen, durch die Bildung zum Staatsdienste ... durch das Beamtenwesen ... durch das Militärwesen und den Militärzwang*[272]. Zwei Lösungen sieht Fröbel: ... *das neue Leben ... an dem Orte und unter den Verhältnissen auszuführen, worin man nun eben lebt und sich befindet* oder aber *auswandern* – und zwar nach Nordamerika.[273] Fröbel trug sich 1835/36 ernsthaft mit dem Gedanken, nach Columbus/Ohio überzusiedeln, wo Mitglieder der mit Fröbel befreundeten Familie Frankenberg lebten. Er stellte sich vor, daß *durch das Zusammenarbeiten und Zusammenwirken edler Deutschen in Amerika ... ein zweites Weimar, aber dies alles im hohen menschheitlichen Sinne* entstehen könnte.[274]

Schloß Wartensee bei Luzern

Fröbel versteht seine erzieherische Tätigkeit in der Schweiz als Beginn seiner Bemühungen, eine ganz *neue Entwicklungsstufe des Menschengeschlechts und durch diese ... eine höhere gesteigerte Entwicklungsstufe der gesamten Menschheit*[275] zu erreichen. Diese *höhere Stufe* basiert auf der christlichen Heilsgeschichte. Fröbel ist der Auffassung, daß *der in Jesu gleichsam empfangene, gereifte und ... durch ihn ausgestreute reine Menschheitssame eigentlich nicht eher wahrhaft keimte, wuchs, blühete und fruchtete, als bis er wieder in einem natürlichen ursprünglichen Menschenstamm, im deutschen Volke und deutschen Gemüte entsprechenden Grund und Boden fand*[276]. Fröbels humanistisches Christentum sah in Jesus die Ausstrahlung, nicht aber die Offenbarung Gottes und legte daher den Hauptakzent nicht auf konfessionelle Bekenntnisse, sondern auf konfessionsübergreifende Toleranz und Reflexion: *Darum ist auch die Religion Jesu die Religion der Freiheit.* Kirchliche Lehre aber verändert diese zu einer *Religion äußerer und besonders innerer Fesseln*[277]. *Ich suche den von Jesu geweckten und gezeigten Lebenspunkt und Lebenskeim der Menschheit ... in jedem einzelnen Menschen ... zu pflegen und so ... das Menschengeschlecht ... zur Selbsttätigkeit zu erheben.*[278] Mit dieser Position erregte der Protestant Fröbel denn auch im katholischen Willisau Aufruhr, in dem Ort, dessen Bürger Fröbel selbst gebeten hatten, bei ihnen eine Erziehungsanstalt zu gründen.

Fröbel eröffnete im August 1831 eine Erziehungsanstalt auf Schloß Wartensee, dem Besitz von Xaver Schnyder von Wartensee (1786–1868). Er hatte Schnyder für seine Erziehungsidee beim Aufenthalt in Frankfurt im Hause von Holzhausen gewinnen können. Aber die Schule entwickelte sich nicht zum Internat, sie blieb Tagesschule. In der Öffentlichkeit wurde Fröbel durch Dr. Herzog, ehemals Lehrer in Keilhau, heftig angegriffen. Fröbel verteidigte sich nur widerstrebend, da er der Ansicht war, daß die Angriffe sich selbst widerlegten.

Im November senden ihm die Keilhauer Verwandten Ferdinand Fröbel, der soeben sein Studium abgeschlossen hat, als Schulhelfer. Im Sommer 1832 fordert Fröbel Elise für die Führung des Haushalts in Wartensee an. Barop reist im Herbst nach Wartensee und führt die Verhandlungen mit den Willisauer Bürgern, die Fröbel als Leiter einer Erziehungsanstalt wünschen, zu einem erfolgreichen Abschluß. Wartensee wurde als Anstalt aufgegeben. Den Winter 1832/33 verbringt Fröbel im Kreis der

Willisau bei Luzern

Burgdorf. Kolorierter Stich von C. Wyß

Keilhauer Gemeinschaft. Barop kehrt erst Weihnachten 1833 nach Keilhau zurück. Im April 1833, nach einer Berliner Reise, kommt Fröbel mit Wilhelmine in die Schweiz zurück. Die Anstalt Willisau, eine Kombination von Internat und Tagesschule, wird Anfang Mai eröffnet. Wilhelmine führt nun den Haushalt. Fröbel wird weiterhin in der Öffentlichkeit scharf angegriffen, insbesondere von der katholischen Geistlichkeit. Die im Herbst 1833 vorgenommene Prüfung der Erziehungsanstalt Willisau durch die Landesbehörde in Bern ergibt ein positives Ergebnis. Bestehende Kontakte, so unter anderem zu Regierungsrat Schneider in Bern und Pfarrer Zyro werden vertieft. Zur Unterstützung Fröbels und seines Neffen Ferdinand senden die Keilhauer Heinrich Langethal. Er trifft im März ein. Im April erhält Fröbel von der Regierung in Bern das Angebot, eine Armenerziehungsanstalt in Burgdorf zu errichten und Fortbildungskurse für Elementarlehrer zu leiten. Seit April betreut er nebenbei vier

Lehrerseminaristen («Schullehrerzöglinge»). Die Hauptlast der Willisauer Anstalt liegt auf Langethal. Mitte Juni beginnt auf dem Burgdorfer Schloß der dreimonatige Fortbildungskurs mit 60 Lehrern. Es wird mit einem Examen abgeschlossen, das zugleich die Leistung der Ausbildenden – also auch Fröbels – und der unterrichteten Lehrer überprüft. Fröbel wird in den Examensberichten unterschiedlich beurteilt. In dieser Zeit lebt Fröbel ohne Wilhelmine im Burgdorfer Schloß. Da die Gründung der Armenerziehungsanstalt in Burgdorf noch zur Diskussion steht, die Regierung in Bern Fröbel jedoch daneben die Leitung des bestehenden Burgdorfer Waisenhauses angeboten hat, entsteht im November 1834 folgender Plan: Fröbel soll das Waisenhaus zu Burgdorf leiten, Langethal die (noch zu errichtende) Armenerziehungsanstalt und Middendorff mit Elise Fröbel nach Willisau kommen, um die Erziehungsanstalt weiter zu führen. Im April 1835 siedeln Fröbel, Wilhelmine und Langethal nach

Porträt Fröbels von Hans Knoblauch. 1926

Burgdorf über. Die Armenerziehungsanstalt kommt nicht zustande. Willisau wird von Ferdinand und dem inzwischen eingetroffenen Adolf Frankenberg geleitet. Ende Mai findet dort die Prüfung der Lehrerseminaristen und ihrer Ausbilder statt. Die Ergebnisse sind positiv. Anschließend beginnt der zweite Burgdorfer Fortbildungskurs. Im Mai treffen Middendorff und Elise ein. 1836 reisen Fröbel und Wilhelmine nach Berlin, um den Nachlaß der verstorbenen Mutter von Wilhelmine zu regeln. Fröbel verläßt Burgdorf am 14. Mai, hält sich bis Mitte September in Berlin auf, bleibt anschließend bis zum Januar 1837 in Keilhau, um dann nach Bad Blankenburg umzusiedeln, seinem neuen Wohnsitz der nächsten zehn Jahre. – In Willisau haben Middendorff und Ferdinand die Leitung inne, das Burgdorfer Waisenhaus betreut Langethal bis 1841, anschließend Ferdinand Fröbel. Willisau wird 1839 aufgegeben. Middendorff kehrt im Herbst 1838 nach über dreijähriger Trennung zu seiner Familie nach Keilhau zurück. – Dies die Chronik der Schweizer Jahre Fröbels in Kürze.

Die pädagogische Struktur der Erziehungsanstalten Wartensee und Willisau unterscheidet sich nicht grundlegend von der Keilhauer Konzeption. Eigentliche Aufgabe bleibt die *allseitige Entwicklung*, die *Entfaltung von Tatkraft, Empfinden und Denken*. Der 1831 vorgelegte Bildungs- und Organisationsplan für Wartensee[279] sieht jedoch ausdrücklich eine *Differenzierung* des Lehrangebots vor, um die Schüler auf *die Stufe des einfache(n) bürgerliche(n) Gewerbe(s), für das höhere Geschäftsleben und für die eigentliche Kunst und Wissenschaft (Universitätsreife)* vorzubereiten.[280] Der Fächerkanon stimmt mit dem Keilhaus überein, wird jedoch durch moderne Sprachen (Französisch, Englisch, Italienisch) ergänzt. Aber die an Fröbel herangetragenen Aufgaben der Ausbildung von Lehrerseminaristen bzw. Weiterbildung von Elementarschullehrern einerseits und andererseits die vorgesehene Einrichtung einer Armenerziehungsanstalt – im Sinne Pestalozzis! – führten zu einer Ausweitung und Vertiefung seiner schulpädagogischen Konzeption. Für die Lehrerseminaristen (und ähnlich für die Fortbildungskurse) sieht der Ausbildungsplan vor, sie einzuführen:

1. in die Erwerbung von Kenntnissen an und für sich,

2. in die Ausbildung der Erziehungs- und Lehrfähigkeit,

3. in den Überblick und die Aufnahme des Erziehungs- und Lehrganzen.[281] Es sollen unterrichtsfachliche, didaktische und erziehungswissenschaftliche Kenntnisse vermittelt werden. Fröbel geht dabei wie im Keilhauer Bildungsplan der *Menschenerziehung* von der *Außenweltsbetrachtung* aus, der sich Sprach-, Zahl- und Naturbetrachtung anschließen.[282] Faszinierender noch als diese Kurse wirkte auf Fröbel die Aufgabe, eine pädagogische Konzeption für eine zu gründende Armenerziehungsanstalt im Kanton Bern auszuarbeiten. Insgesamt vier Entwürfe dafür liegen vor[283], die Fröbel innerhalb eines Vierteljahres entwickelte. Fröbels Konzept will den Gedanken der Armenerziehung im Sinne Pestalozzis verwirklichen. Auch die niedrigsten Schichten sollen in das Gesamtkonzept der Erziehung einbezogen werden, ja, die Armenerziehung soll *das Fundament aller weiteren aus- und fortgebildeten Menschen- und Volkserziehung* werden.[284] Dabei sind *Unterricht, Lehre, Leben und Tun ein ungetrenntes Ganzes*[285]. Fröbel weitet hier sein schulpädagogisches Konzept erheblich aus. Die Elementarstufe der allgemeinen Menschenbildung soll allen, auch den niedrigsten Volksschichten Grundlagen menschlicher Erkenntnis und menschlichen Tuns vermitteln und sich nicht prinzipiell, sondern nur graduell von den weiteren Stufen der Erziehung und des Unterrichts unterscheiden. Wie Pestalozzis Idee der Armenerziehung wurde auch Fröbels Plan nicht realisiert.[286]

Den breitesten schulorganisatorischen Plan hat Fröbel 1836 vorgelegt. Er entwickelt in diesem den *Bildungsplan der Elementarschule im Waisenhaus zu Burgdorf*, das er seit 1835 leitete.[287] Diese Elementarschule bezeichnet er auch als *Begründungsschule*[288]. Der Plan stellte den letzten Versuch Fröbels dar, mit schulischen Mitteln das für ihn immer drängender werdende Problem einer angemessenen Erziehung des Kindes vor Eintritt in das eigentliche Schulalter (6 Jahre), zu lösen. Denn die hier einbezogene Altersstufe der Vier- bis Sechsjährigen bekommt *Unterricht*. Aber Fröbel ordnet dem Unterricht dieser ersten Stufe der *Begründungsschule* das Spiel als didaktisches Bildungsmittel zu und verbindet so den elementarfachlichen Lehrgang mit Spiel. Denn im Spiel sind die *Tätigkeiten* des Anschauens, Sprechens, Zählens, Singens, Bauens, Turnens und Erzählens ja schon zusammengefaßt.[289] Dieser ersten Stufe folgt die Stufe des *Denkens*. Hier werden die *Tätigkeiten* in Lehrgangsform wiederholt. Diese Stufe und die Kennzeichnung der dritten Stufe, der philosophierenden Vertiefung des systematisch Gelernten, erinnern an den Keilhauer Bildungsplan der *Menschenerziehung*.

In den Briefen Fröbels aus der Schweiz findet sich später immer häufiger der Begriff *Lebenseinigung*[290]. Das sphärische Gesetz der Göttinger, aber auch noch der Keilhauer Zeit betont polare Spannungen als Lebensnotwendigkeit. Natur und Geist als Polaritäten der *Menschenerziehung* lassen sich nicht vollständig überwinden. Während der Schweizer Jahre, im steten Kampf mit der Öffentlichkeit und auch in der Auseinandersetzung mit dem Keilhauer Kreis, versteht Fröbel unter dem philosophischen Einheitsstreben der Sphäre das Erfassen seines eigenen Wesens und seines Verhältnisses zu Keilhau. *Lebenseinigung* bedeutet für Fröbel also nicht die völlige Aufhebung persönlicher Spannungen in seinen Beziehungen zu anderen Menschen, sondern die bewußtgemachte eigene Situation und Lebensgeschichte. Da er sein Leben symbolisch versteht, also glaubt,

Elise Schaffner, geb. Fröbel

sein individuelles Schicksal veranschauliche zugleich menschliche, allgemeingültige Entwicklungsgesetze, kann er die geforderte, notwendige *Lebenseinigung* zwar nicht im konkreten Tun, wohl aber durch Einsicht in sich selbst als Harmonisierung des Innenlebens verwirklichen. Aber auch dieses In-sich-Ruhen zerbricht immer wieder. In den *Grundzügen der Menschenerziehung* hatte Fröbel noch die nationale Einigung gefordert; in der Schrift zur *Lebenserneuung* begnügt er sich mit der Forderung nach familiärer Einigung. Gemeint ist der Keilhauer und Burgdorfer Kreis, dem auch Ernst Frankenberg (Columbus/Ohio) zuzurechnen ist.

Aber ist es nicht auch ein Zeichen tiefster Resignation, daß Fröbel nach 1835 alle Zielsetzung sphärischen Lebens nur noch im Spiel des kleinen Kindes, in dessen Erahnen göttlichen Durchwirkens der Welt anzutreffen vermag?[291] An Langethal schreibt er: *Nichts kann uns alle ... vor größerem Lebensschmerz bewahren als ... Einigung. Warum mag sie nur im Äußern so schwer zu erreichen sein? Ich kenne wohl nur ein Mittel, es zu erreichen: es heißt Einsicht, heißt Nachgehn dem rein menschlichen, dem Kindesgemüt.*[292]

Fröbels Briefe aus dieser Zeit wirken zwar zunächst optimistisch, voller Hoffnungen, durchzogen vom Glauben an Verbesserungen, aber dann fallen einem Bemerkungen auf, die die Realität als tot, *zerstückt*, als *Sintflut* beschreiben.[293] *Der Mensch hat sich, indem er alles zerstückt und zerschnitten und aufgehört hat, das ewig einige Leben in seiner Einheit und Ungestücktheit anzuschauen und anzufassen, sehr arm, arm wie am Geiste und Gemüt, so arm im Leben gemacht und wie sich selbst arm im Leben, so tot und sprachlos die Natur.*[294] Überschwang und Resignation wechseln von Brief zu Brief. In jeder brieflichen Äußerung – auch gegenüber den Keilhauer Zöglingen[295] – bekennt er sich zu seiner schwierigen Situation und beschwört doch zugleich seinen Glauben an die Bindungsfähigkeit menschlichen Lebens. *Ich bedarf*, schreibt er 1831, *sehr dieser Zeichen der Einigung, denn es meine niemand, daß ich hier Tage der Freude lebe, ich lebe Tage der Pflicht und des Berufs ... denn was und wer könnte mir Keilhau und sein Leben ersetzen, was und wer mir reichen, was es mir gibt?*[296] An Langethal: *Doch habt Ihr es auch jetzt in Keilhau leicht, das zu erringen, was ich meine, das zu erringen, was gefordert wird: teilt Euch viel gegenseitig und untereinander mit, tauschet viel Gedanken; – Ihr könnt es jetzt leicht, das Veto ist verschwunden aus Eurem Kreise ...*[297] An Elise, die ihm in den ersten Schweizer Jahren der liebste Briefpartner ist, obwohl sie auf seine Gedanken nicht einging und ihn wohl kaum verstanden haben dürfte, schreibt er, durch den Rückblick auf sein Leben[298] sei ihm wieder *die alte Sicherheit und Gewißheit in ... Leben, Wirken und ... Handeln gekommen. Mein Leben in mir hat sich wieder auf das schönste erneut, ich möchte sagen verjüngt ... Ich bin mit dem Leben wieder in Einklang ...*[299] Dem Keilhauer Zögling Albert Weimann gesteht er vier Monate später: *Mein Sohn, wer das höhere und sogar höchste Leben will, muß den Schmerz festhalten. Du solltest einmal den Zustand in meinem Innern wahrnehmen können: ich lebe vom Morgen bis zum Abend, von einer Nacht zur anderen nur einzig im Schmerz.*[300] Zu Elise drei Tage danach: *Ich bin einsam, bin einsam mit meinem Leben, mit meinem Gemüt, und mit meinen Idealen, mit einer Seele voll Leben und Sehnsucht nach Leben bin ich allein im Leben!* Die Auseinandersetzung mit Caroline von Holzhausen, die auch Gegenstand dieses Schreibens ist, wird als *Verzichtleistung*, als *Entsagung* gedeutet.[301] Im September 1832: *Ich bin des Kampfes und Lebens mit Männerlarven, Masken, Phantomen müde. Würde ich ihn noch ein halbes Jahr zu bestehen haben, so würde ich mich begraben lassen; mein Gemüt hielte es nicht aus.*[302] Und Emilie, der Frau Barops, gesteht er 1834: *Ja, es ist ein wunderbares ... eigenes ... Schicksal meines Lebens, daß ich mein höchstes, ich muß mir sagen: reinstes, seelenvollstes Leben größtenteils allein (All-ein?-) leben muß...*[303] *Einmal im Leben wollte ich ... mein Lebensglück ... andern mitteilen.*[304] *Ich suchte Lebens-*

genossen ... Meine Stirne furchte sich, mein Gesicht trübte sich, sie nicht zu finden. Jetzt weiß ich: Lebensglück in und auf gleicher Stufe des Bewußtseins, der Einsicht, sind schwer zu finden ... darum bewahre, pflege und steigere ich jetzt in meinem eigenen Herzen und Gemüt das Lebensglück ... welches sein Leben findet im Einzelnen, im All und in der Einheit, im Guten, in Gott. So [ist] mein Leben an seinem Ziele.[305]

Spielgabe und Kindergarten

Die Verkündigung und Ankündigung eines neuen Lebens- und Menschheitsfrühlings ist es, welche in allen und durch alle Lebenserscheinungen des eigenen wie des Fremdlebens so laut und so vernehmlich ins Ohr mir tönt. – Du, Erneuung und Verjüngung alles Lebens, bist es, die Du durch alles und in allem in mir und um mich so lebenvoll mir zum Gemüte, so klar und so bestimmt zu meinem Geiste sprichst. – Du, Zeit, lange schon ersehnt von der Menschheit und ihr längst verheißen als ihre Lilienzeit; Du, Zeit, in welcher die Gottheit aus der Menschheit hervorblühe, dufte und fruchte, hervorlichte und leuchte, wie die reine Menschheit aus dem klaren Kunstwerke ...[306] *Nur in einer Familie, nur unter der Bedingung des Erscheinens reinen Familienlebens erreichst Du, Mensch, Dein höchstes Ziel; so wie das Erscheinen eines Menschen und einer Familie, das Erscheinen reinen Menschenlebens und reinen Familienlebens gegenseitig unzertrennlich ist, eines das andere bedingt, fordert ...*[307] *Die Menschheit ... als Menschengeschlecht, ist also geknüpft an die Erscheinung der Einheit in der Zweiheit, an die Ercheinung des in sich Einigen als eines äußerlich Getrennten, ist geknüpft an die Erscheinung der Geschlechter Mann und Weib. Das Fortbestehen des Menschengeschlechtes, eben als Erscheinung des in sich Einigen der Menschheit, ist aber weiter geknüpft an die Wiederaufhebung der Getrenntheit, der Geschiedenheit, der Zweiheit in der Wiederherstellung der Einheit in dem Kinde und durch das Kind ...*[308]

Dies die einleitenden Sätze der Schrift: *Erneuung des Lebens fordert das Jahr 1836*. Sie endet, wie bereits erwähnt, pessimistisch in Auswanderungsgedanken, beginnt aber mit einem Hymnus auf den beginnenden Menschheitsfrühling, die *Lilienzeit*, die Fröbel in der erneuerten Familie ausbrechen sieht. Das Bild der Lilienzeit findet sich schon im Bekenntnisbrief vom August 1831 und weist auf die Frankfurter Zeit zurück. Aber jetzt wird bewußtes Familienleben, bewußte Erziehung des Kindes in der Familie gefordert. Fröbel wendet sich damit 1835/36 vom schulischen Bereich ab, dem er sich über dreißig Jahre lang verpflichtet gefühlt hatte und begründet die Konzeption der Menschenerziehung in einer Pflege des Klein- und Vorschulkindes sowie in einer Erneuerung der Familie.

Die Pflege des Kindes wird durch eine Reihe von Kinderspielzeugen, von Materialien unterstützt. Sie vollzieht sich im Kindergarten, im *Garten-Paradies, also Kindergarten = das den Kindern wieder zurückzugebende und gegebene Paradies.*[309] Der Begriff Kindergarten, der relativ spät – erst im Frühjahr 1840[310] – entstand, beschreibt sehr treffend Fröbels Programm der Erziehung in der frühesten Kindheit. Er bezeichnet eine Stätte behutsamer Einwirkung auf das Kind, möglichst in der Familie und durch sie. In diesem «Kindergarten» ist Erziehung gebunden an Materialien (*Gaben*), deren Spielgesetzlichkeit im freien Spiel vom Kind erahnt und nachempfunden werden soll und das zugleich Naturgesetzlichkeit elementar vermitteln soll. Hier findet sich Pestalozzis Ansatz der Elementarmethode wieder, ebenso Fröbels Ringen um das sphärische Gesetz, das er im Aufbau kristalliner Formen verkörpert sah. *Wie Gott in der Welt, auf Wiese und Acker ... das große Erziehungsbuch der Menschheit geschrieben hat, Kindern zum Spiel, Hungrigen zum Essen ... so will auch ich in Kinderspiel und Lebenslust des Menschen Erziehungsbuch schreiben, wofür ich bis jetzt weder Worte noch Sprache, noch Gehör finden konnte ... Wenigstens hoffe ich, ein ABC und ein Einmaleins zu liefern, daß man endlich Gottes Sach- und Tatoffenbarung, die Natur werde lesen und sich so selbst verstehen und erfassen können ... Schwefelhölzchen und Striche, Kinderbauen und Kindereinreißen, wie Lithographie und Buchdruckerkunst sollen mir dazu die Hand bahnen; denn wenn ich mir so selbst werde, mich verstehende Menschen durch mich verstehende Kinder werde geschaffen haben, wenn ich mir so werde eine mich wenigstens in der Ahnung verstehende Zeit und Zeitgenossen gebildet habe, so will ich dann die Darlegung meiner Menschenentwicklungs- und Menschenlebgesetze in zusammenhängenden Darstellungen folgen lassen ...*[311] Der autodidaktische Anspruch der Spielmaterialien ist hier unverkennbar festgelegt. Fröbel betonte bis an sein Lebensende unermüdlich die entwickelnd-bildende Bedeutung[312] seiner Spielpflege, ihre selbstbelehrende und elementarmethodische Funktion.

Spielgabe und Kindergarten, verbunden in der Spielpflege, haben eine lange Vorgeschichte. Bereits 1810 forderte Fröbel einen Erstunterricht, in dem das Kind mit Hilfe einfacher Materialien das nachbauen, nachbilden soll, was es sieht.[313] Auch der Gartenarbeit mißt Fröbel einen erzieherisch bedeutsamen Wert bei.[314] Die *Menschenerziehung* (1826) schildert das freie Gestalten und Bauen mit Lehm und Sand[315], das *Bearbeiten eigner Gärten*[316] und das freie Bauen mit Bauhölzern (Klötzen)[317] – Spielen und Bauen als Äußerung der Kraft, des *Gestaltungstriebs*[318]. Der Helbaer Plan von 1829 umfaßte unter anderem die Einrichtung einer *Pflege- und Entwicklungsanstalt für 3–7jährige Kinder*[319]. Fröbel betonte, es solle sich nicht um eine *Kleinkinderschule* handeln, *weil die Kinder darin*

noch nicht geschult werden, sondern sich frei entwickeln sollen, weil so viel als es Menschen ... möglich ist, das Göttliche in dem Menschen gepflegt werden soll[320]. In gewisser Weise schließt sich daran der Unterricht in der ersten Abteilung (vier- bis sechsjährige Kinder) der Elementarschule im Burgdorfer Waisenhaus an. Diese Konzeption wurde 1836/37 entwickelt. Sie geht vom Spiel als dem grundlegenden didaktischen Bildungsmittel aus, spricht nun aber wieder von Unterricht.[321] Diese Klasse stellt also noch keinen Kindergarten dar[322], weil hier noch unterrichtet wird; aber faktisch dürfte bereits eine kindergartenähnliche, spielpflegerische Atmosphäre geherrscht haben. Bei der Beobachtung spielender Waisenkinder in Burgdorf beginnt Fröbel seine Gedanken über Figuren aus Stäbchen und Hölzern zu systematisieren. An Barop schreibt er nach

«Gärten der Kinder»
in Bad Blankenburg

Keilhau: *Ich beschäftige mich jetzt täglich 1 oder 2 Stunden mit meinem kleinen 6–7 jährigen Italiener von sehr seltenen Anlagen, wie es scheint. Er bildet sehr häufig bei mir Figuren aus rechtwinklig gleichschenkligen Dreiecken. Merkwürdig ist es, er liebt hier immer stetig zusammenhängende Formen ... auch fängt er ... gern von der Mitte an. Zu einer andern Zeit macht es ihm viel Freude, bestimmte Gegenstände ... zu legen, z. B. Haus, Turm, Tisch, Säule, Kirche ...* Aber: Das Spiel mit Stäbchen und Brettchen sei *schon zu geistig. Die Bausteine und die würflichten Bauklötzer sind und bleiben das erste*[323]. Hier weist Fröbel bereits 1834 auf entscheidende Eigenschaften seiner *Gaben*, insbesondere der *3.–6. Gabe*, des geteilten Würfels hin: Kontinuität der Bauformen sowie die Betonung der «Mitte» und die Unterscheidung von abstrakten und gegenstandsbezoge-

nen Bauformen. Fröbel scheint in den folgenden drei Jahren seine *Spielgaben* gedanklich so weit weiterentwickelt zu haben, daß er nach der Übersiedlung nach Bad Blankenburg im Januar 1837 sofort Aufträge zur Produktion der ersten sechs *Gaben*: Ball, Kugel-Würfel, mehrfach geteilter Würfel (*3.–6. Gabe*) sowie von Legetäfelchen, Stäbchen, Papieren zum Falten und Flechten, Ausschneiden und Verschränken vergeben konnte.[324] Die Anregung zur *1. Gabe*, dem Ball (sechsfarbige Wollbällchen) hat Fröbel im Sommer 1836 erhalten.[325] Über diese *Spiel- und Beschäftigungsmittel*[326] hat er bis an sein Lebensende nachgedacht und deren Zusammenhang zu begründen versucht. Hierzu dienten ihm die drei Wochenschriften, die er bis 1852 herausgab oder initiierte: Das *Sonntagsblatt* von 1838 bis 1840, *Friedrich Fröbels Wochenschrift. Ein Einigungsblatt für alle Freunde der Menschenerziehung* (1850) und die *Zeitschrift für*

1. Gabe (1838)

Friedrich Fröbels Bestrebungen zur Durchführung entwickelnd-erziehender Menschenbildung in allseitiger Lebenseinigung (1851/52). Hinzu kommen die Begleitschriften zum Ball (1838), zur *2. Gabe* (1838) und zur *3. Gabe* (1844 und 1851). Die 1844 erschienenen *Ballieder* beziehen sich auf die 1840 im *Sonntagsblatt* dargestellten Bewegungsspiele, die wiederum auf Spielaktivitäten Langethals im Burgdorfer Waisenhaus (1837/38) zurückgehen. Gartenarbeit, die Beschäftigung mit den Spielgaben und die Bewegungsspiele machen Fröbels Kindergartenkonzeption aus. Allerdings bekommt diese durch die Rolle des Erwachsenen und dessen spezifische Einwirkung auf das kindliche Tun ihre eigentümliche Bedeutung. Die Spiele und Beschäftigungsmittel bringt Fröbel in einen analytisch-synthetischen Konstruktionszusammenhang.[327] Er unterscheidet vier Gruppen von Spielmaterialien:

1. Gruppe: die körperartigen Gaben. Die 1. Gabe ist der Ball, die 2. Gabe sind Kugel und Würfel, Walze und Kegel. Die weiteren Gaben sind geteilte Körper: geplant war die Teilung von Kugel, Walze und Kegel, durchgeführt wurde nur die Würfelteilung. Vom geteilten Würfel gibt es 4 Gaben, die 3., 4., 5. und 6. Gabe der ersten Gruppe. Die 7. und 8. Würfel-Gabe war geplant, wurde aber nicht ausgeführt. Bei der 3. und 5. Gabe entstehen würfelartige, bei der 4. und 6. Gabe durch Schnitte backstein-quaderartige Körper.

2. Gruppe: die flächenartigen Spielmittel. Sie gehen von Tafelformen

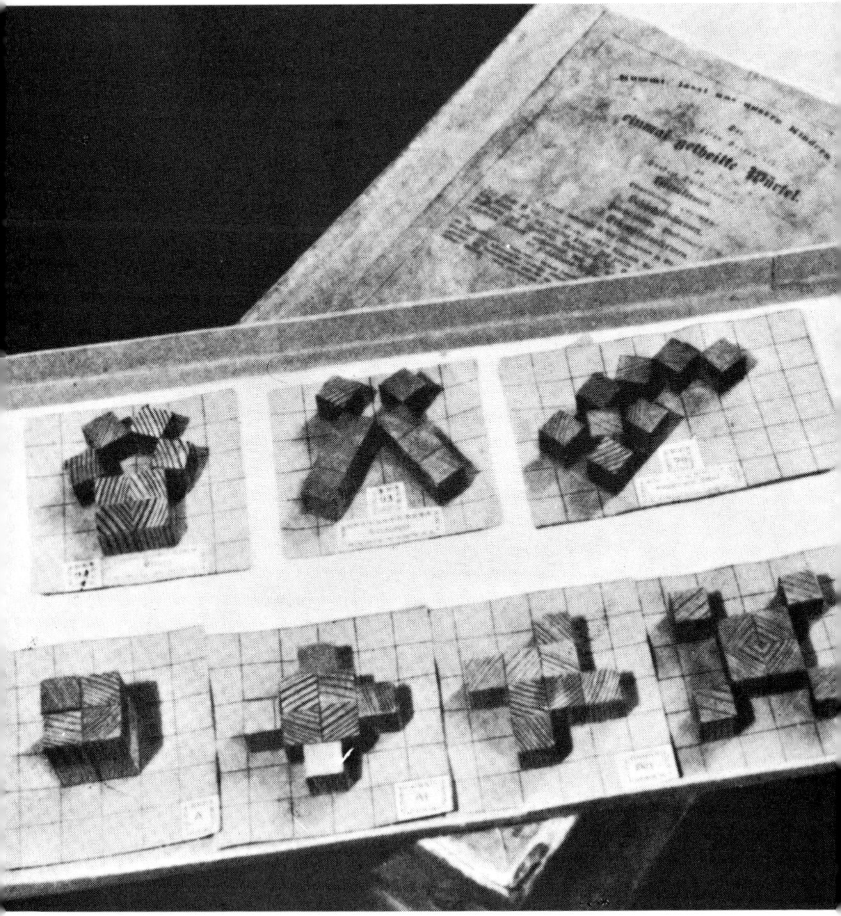

aus, und zwar von Quadraten, ungleichseitig-rechtwinkligen und gleichseitigen Dreiecken. Insgesamt ergeben sich zwölf Formarten. Hierzu gehört auch das Papierquadrat.

3. Gruppe: die linienförmigen Spielgaben. Hierzu gehören Holzstäbchen, Späne, Papierstreifen und gezeichnete Linien.

4. Gruppe: die punktförmigen Beschäftigungsmittel. Hier handelt es sich um durchstochene Linien, Steinchen, Früchte, Perlen und Sand.

Durch Zergliedern und Vereinen dieser Materialien soll das Kind das Gesetz der Sphäre erahnen: Alles geht von der Einheit aus, entfaltet sich

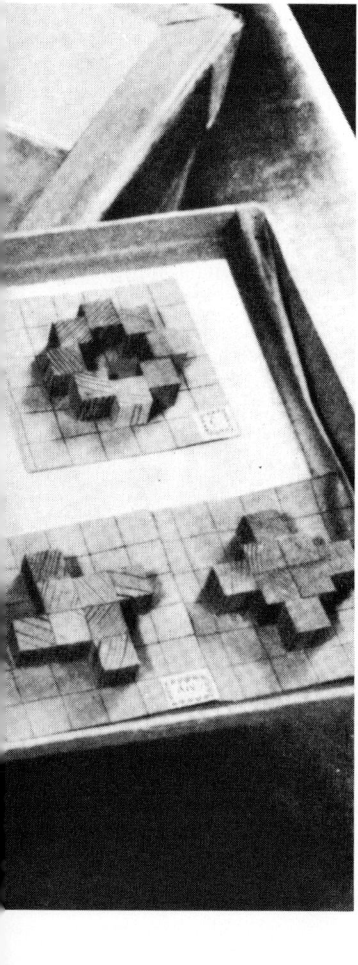

Vorschläge zur Anwendung der 3. Gabe (1844)

in Polarität und kehrt zur Einheit zurück. Darüber hinaus bringt der Tätigkeitstrieb des Kindes diesen Zusammenhang produktiv hervor.

Bei der Analyse wird das Material zergliedert, der Spielverlauf geht von den körper- zu den punktartigen Spielmitteln. Die geteilten Körper der *3.–6. Gabe* werden auseinandergelegt, ebenso die Legetäfelchen. Das Papierquadrat wird durch Ausschneiden gewonnen. In gezeichneten Linien werden Punkte gestochen. Nun folgt die Synthese. Perlen und Früchte werden aufgereiht, die durchstochenen Linien mit einem Faden durchzogen (Fädeln, Nähen, Stricken), Linien gezeichnet, Papierstreifen und Späne verflochten, Stäbchen mit Plastilin zu geometrischen Körpern zusammengefügt, bei den flächenförmigen Mitteln Papier- und Papparbeiten gefertigt und durch Falten Körper hergestellt. Legetafeln und *3.–6. Gabe* erlauben den Bau von Körpern, von geometrischen Formen, Zweckbauten (Tisch, Haus). Schließlich entstehen geometrische Körper aus Lehm/Plastilin durch Abschneiden der Ecken und Kanten, so daß der Spielgang – ähnlich wie die Formenkunde von 1826 – über vielflächige Körper zur Ausgangsform der Kugel zurückkehrt. – Die Sphäregesetzlichkeit wird auch beim analytisch-synthetischen Spiel mit den Würfelgaben sichtbar, wo ja nach der Zerlegung des Gesamtwürfels in Teile, das Bauen mit diesen Teilformen einsetzt. Es werden sogenannte *Lebens-, Erkenntnis- und Schönheitsformen* gebaut, also Formen aus dem alltäglichen Leben (Haus), mathematische Formen (2 Halbe) und ästhetische Formen (Blume). Fröbel hat sich mehrfach mit den Bauprinzipien der *3. Gabe* auseinandergesetzt. Und sicherlich zeigt die von ihm entwickelte Übersicht von 72 Schönheitsformen, die sich durch Drehung jeweils nacheinander ergeben[328], in anschaulicher Weise seine Auffassung einer symbolischen Sicht des Sphäregesetzes. Dabei sind die Formen auf ein Zentrum, eine *Mitte*, das *Innere* bezogen, zu der sie hinstreben und von der sie sich wieder lösen, indem sie ins *Äußere* gehen.

Die Begleitschrift von 1844 erläutert die ausgeführte dritte *Spielgabe*. Dabei handelt es sich um einen Modellkasten, in dem 193 Bauformen, darunter auch 72 Schönheitsformen, in verkleinerter Größe zu einer Übersicht zusammengestellt sind.[329] Fröbel hat also zum Spiel mit dieser Gabe nicht nur einen einführenden Text, die Begleitschrift, vorgesehen, sondern auch einen Überblick der Bauformen im anschaulichen Modell vorgegeben. Daraus ergibt sich eine eindeutige Aneignungsstrategie dieser Spielkonzeption für den Erwachsenen. Diese Spielauffassung ist Voraussetzung der Spielpflege. Fröbel hatte um 1838 seinen ursprünglich autodidaktischen Ansatz der Spielmaterialien revidiert und in ein Konzept der Spielpflege integriert. Ursprünglich wollte er das *Sonntagsblatt* unter dem Titel: *Der Autodidaktiker* herausbringen.[330] Der *Plan einer Anstalt zur Pflege des schaffenden Tätigkeitstriebes* sieht vor, *Selbstbil-*

dungs- und Selbstbelehrungsmittel zu entwickeln.[331] Fröbel kennzeichnet seine erste Anstalt in Blankenburg als *Anstalt zur Selbstbelehrung, Selbsterziehung und Selbstbildung des Menschen, wie zur allseitigen so zur in sich einigen Ausbildung desselben durch Spiel, schaffende Selbsttätigkeit und freitätigen Selbstunterricht.*[332]

Im Brief an Langethal vom Dezember 1837 entwickelt Fröbel den Gedanken des *selbstlehrenden (mathematischen) Würfels* für den Schüler, also einen beschrifteten Würfel für die «Raumkunde» des begründenden Unterrichts in Burgdorf, der allerdings nicht vollständig realisiert wurde[333]: Fröbel überträgt jedoch den autodidaktischen Aspekt auf jedes Material, insbesondere auf das Spielzeug des Vorschulkindes, hier: *Bei dem Gebrauch all dieser ... Beschäftigungsmittel kommt es vor allem auf den Grundgedanken an, aus welchem sie hervorgegangen sind: – den Menschen durch Selbst- und Freitätigkeit seinem ganzen Wesen und der Gesamtheit seiner Lebensverhältnisse nach zu entwickeln, zu erziehen und zu belehren.*[334] Aber bereits 1838 sprechen die Begleitschriften zum ersten und zweiten Spielzeug von der *Gabe* und akzentuieren schärfer die Beteiligung des Erwachsenen am Spiel mit der *Gabe*, also der Spielpflege. Fröbel legt die Spielmaterialien in ihrer Spiel-Grundstruktur fest, der Umgang mit ihnen bleibt jedoch variabel. Obwohl er immer wieder die Leser des *Sonntagsblatts* und auch die «Muhme» Schmidt, seine Base, auffordert, ihm neue Lieder und Spielideen zu den *Gaben* mitzuteilen[335], handelt es sich keineswegs um ein völlig freies Spiel des Kindes: die spielende Auseinandersetzung mit dem Spielmaterial ist durch dessen immanente Gesetzlichkeit bestimmt, die im Spiel erahnt und allmählich bewußt gemacht werden soll. Hier stellt sich die Frage: Wer macht das Kind auf diese Gesetze aufmerksam? Der Spielgegenstand oder der Erwachsene? Fröbels Spieltheorie bekommt an dieser Stelle keinen Bruch, weil das autodidaktische Prinzip niemals absolut gesetzt war. Wegen der sich allmählich verändernden Bedeutung des Spielorts – bis 1840 das Elternhaus, seit 1840 der Kindergarten als Modellspielort für die Familie, nach 1843 die Institution Kindergarten als parallelem Spielort neben dem Elternhaus – rückt nun das Prinzip der Spielpflege durch eine kontinuierliche Bezugsperson, den Kinderführer, später die Kindergärtnerin in den Vordergrund. Aber noch die *1. Begleitschrift zur 3. Gabe* von 1844 wendet sich an die Mutter. Wie stehen hier Anleitung (schriftlich fixierte Spieltheorie) und konkrete Spielpraxis zueinander? Fröbel versteht die Begleitschrift nicht als Anleitung dafür, wie der Erwachsene, die Mutter, mit dem Kind spielen soll. Das, sagt Fröbel, *muß ich ganz dem persönlichen Bildungsgrade, sowie der augenblicklichen Forderung des Bedürfnisses des Kindes und seiner Lebensverhältnisse überlassen*[336]. Aber: der Erwachsene bedarf einer *Übersicht über und Einsicht in das Ganze.*[337] Der

Erwachsene soll für sich, mit Hilfe der Anleitung spielen, um die Spielmöglichkeiten der *3. Gabe* zu erfassen. Die Theorie bietet also ein Orientierungsmuster, gewissermaßen einen Rahmen der Erstinformation, ohne damit zugleich die Spielpraxis festzulegen. Fröbel stellt fest, die Mutter werde sich durch diese Orientierung *bald aufgefordert fühlen, eigene, neue Darstellungen zu erfinden ... Auf diese Weise wirst Du Dir nun nicht nur einen Überblick über das Ganze verschafft haben, sondern Du wirst auch dasselbe in seinen einzelnen Gliedern nach, wenn auch mehr oder minder lebenvoll, in Dir tragen. Jetzt versuche das Ganze in seiner aus- und aufeinanderfolgenden Entstehung, seiner innern natürlichen Gliederung nach, frei und selbständig aus Dir darzustellen.*[338] Für den Erwachsenen, der das Spielgeschehen beobachtet und sich dann ins Spiel hineinbegibt, bedeutet die Spieltheorie eine Orientierung. Sie befähigt ihn zur freien, das heißt im Detail die Handlungsgrundmuster variierenden Ausführung des Spielgeschehens. Diese Fähigkeit soll auch dem Kind vermittelt werden, jedoch so behutsam, daß es nicht in seinem Spielablauf gestört wird. So heißt es dann: *Kinder waren zum Teil so sinnig in ihr stilles Spiel vertieft, daß es immer störend wirkte, wenn jemand, selbst helfend oder klärend, eingreifen wollte; da hieß es, im Sinne ihrer Äußerungen: «Laß mich erst in und mit mir selbst klar werden, ehe du mir mit einer fremden, gemachten, vereinzelten Klarheit vor Augen kommst.»*[339]

In der Spätfassung der *Begleitschrift für die 3. Gabe* (1851) hingegen werden lehrhafte Funktionen der Kindergärtnerin betont: *Hat eines der Kinder etwas besonders Eigentümliches ... gebaut, so kann es zur Kenntnis aller gebracht werden ... Man kann auch den Kindern nach und nach einzeln die Vorlegblätter zum Nachbauen reichen.*[340] Hier liegt der Ansatz für die in der zweiten Hälfte des 19. Jahrhunderts vorherrschende Verschulung des Kindergartens.

Wie entwickelte sich nun der Kindergarten als Ort der Spielpflege? Fröbel blieb 1836 nach der Rückkehr aus Berlin zunächst in Keilhau und eröffnete im März 1837 die *Autodidaktische Anstalt*, nachdem er im Januar nach Bad Blankenburg umgezogen war. Seit Ende August 1837 nennt sich seine Einrichtung *Anstalt zur Pflege des Beschäftigungstriebes der Kindheit und Jugend*[341]. Es handelt sich bei dieser Anstalt nicht um einen Kindergarten, sondern um eine Art Versand- bzw. Produktionsbetrieb der Spielmaterialien. Im März 1838 entstand der Plan, die vorhandene Anstalt mit einer *Bildungsanstalt für Kinderführer* zu verbinden. Ende März führen Fröbel und Barop der Mutter der Landesfürstin die ersten beiden Gaben vor. Im Dezember tritt Fröbel eine Reise an nach Dresden und Leipzig mit Adolf Frankenberg (und später auch Middendorff). Im Januar 1839 trägt er in Dresden seine Spielkonzeption der Königin vor. Auf Wunsch mehrerer Familien richtet er in Dresden eine Spielanstalt ein. Frankenberg bleibt in Dresden. Im April kehrt Fröbel nach Bad Blankenburg zurück. Seine lungenkranke Frau stirbt am 13. Mai 1839. Im Juni wird die *Bildungsanstalt für Kinderführer* neben dem nun *Spiel- und Beschäftigungsanstalt* genannten bisherigen Produktionsbetrieb eröffnet. Absolventen dieser Kurse gründen 1840 in Frankfurt Spielanstalten. Auch in Eisenach wird im gleichen Jahr eine Spielschule eröffnet. Am 28. Juni 1840 erfolgt im Rahmen des Gutenberg-Festes die Stiftung des *Allgemeinen Deutschen Kindergartens* in Keilhau und Blankenburg. 1841 beginnt Fröbel mit dem Entwurf der *Mutter- und Koselieder*, die 1844 erscheinen.

Nach 1844 verlagern sich die Aktivitäten Fröbels. Die Anstalt für Spielmittel stellt allmählich wegen mangelnden Absatzes eine erhebliche finanzielle Belastung dar. Die halbjährigen Bildungskurse für Kleinkindergärtnerinnen (Leiterinnen von Kindergärten) und Kinderführerinnen (Erzieherinnen, d. h. in Familien erzieherisch Tätige) hält Fröbel von November bis Juni in Keilhau ab. Seine Blankenburger Wohnung gibt er 1844 auf. Die übrige Zeit reist er und versucht, die Idee des Kindergartens zu verbreiten.

Die Begründung der Kindergartenstiftung verdeutlicht zugleich die Wende vom (männlichen) Kinderführer zur Kindergärtnerin. 1839 hatte Fröbel einen Spielkreis in Blankenburg gebildet, mit dem er regelmäßig spielte. Die Reisen nach Dresden und Leipzig hatten ihm immer deutlicher die doppelte Bedeutung der Frau für die Spielpflege vor Augen geführt. Fröbel wollte eine allgemeine, aber private Einführung der Spielpflege und sah in der Bildung von Frauenvereinen zur Gründung und finanziellen Unterstützung von Spielkreisen, die dann in die private Sphäre hineinwirken sollten, den angemessenen Weg einer breiteren Realisierung seiner Spielpflege. Zugleich wird eine spezifische Beziehung von Mutter und Kind im Spiel deutlicher betont. So beginnt denn auch die Stiftungsschrift des Kindergartens mit den Worten: *Frauenleben und Kinderliebe, Kinderleben und Frauensinn, überhaupt Kindheitpflege und weibliches Gemüt trennt nur der Verstand. Sie sind ihrem Wesen nach eins ... Wir laden daher hierdurch alle deutschen Frauen und Jungfrauen zur gemeinsamen Begründung und Ausführung einer allgemeinen Anstalt zur allseitigen Pflege des Kinderlebens bis zum schulfähigen Alter mit deutschem Gemüte ein; wir fordern mit deutschem Geiste sie auf zur gemeinschaftlichen Begründung und Ausführung eines deutschen Kindergartens ... Zur möglichst vollkommnen Erreichung des sich gesteckten Gesamterziehungszweckes würde ... mit der Bildungsanstalt für Kinderpflegerinnen, Erzieher und Erzieherinnen zugleich eine Kleinkinder-Pflege- und Beschäftigungsanstalt verbunden werden, an welche kleine Kinder jeden Alters bis zur Schulfähigkeit Anteil nehmen würden. In dieser Kinderpfle-*

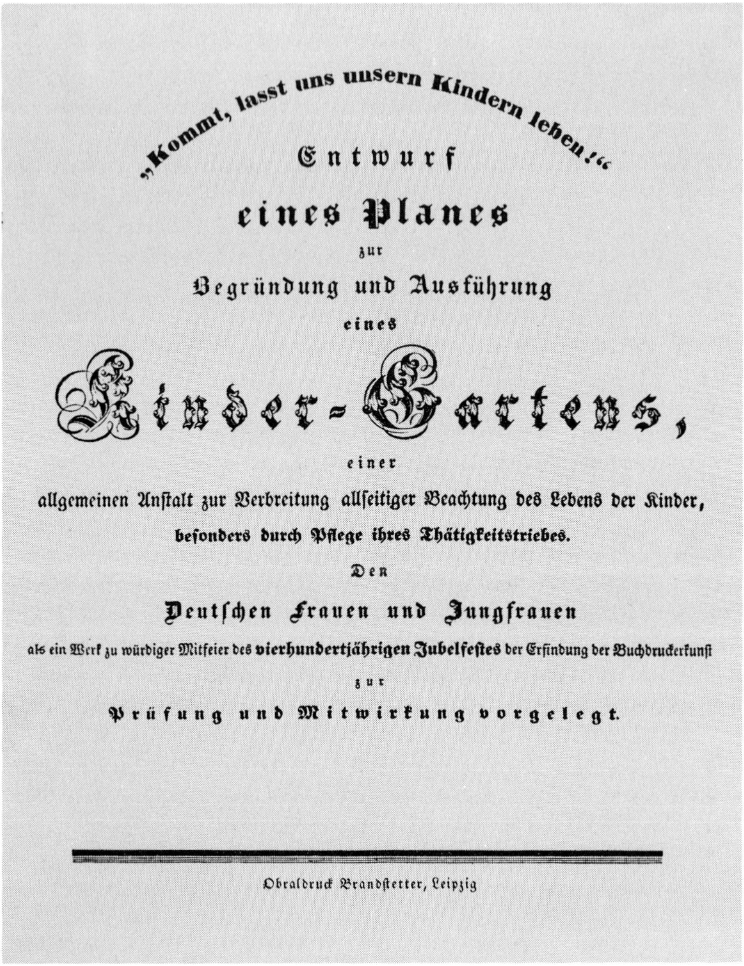

„Kommt, lasst uns unsern Kindern leben!"

Entwurf

eines Planes

zur

Begründung und Ausführung

eines

Kinder-Gartens,

einer

allgemeinen Anstalt zur Verbreitung allseitiger Beachtung des Lebens der Kinder,

besonders durch Pflege ihres Thätigkeitstriebes.

Den

Deutschen Frauen und Jungfrauen

als ein Werk zu würdiger Mitfeier des vierhundertjährigen Jubelfestes der Erfindung der Buchdruckerkunst

zur

Prüfung und Mitwirkung vorgelegt.

Obraldruck Brandstetter, Leipzig

geanstalt, in diesem Kindergarten im engeren Sinne, würden die Bildlinge unter Anleitung erfahrner, in der Ausführung der Idee eingelebter Kinderführer, ihrem künftigen Beruf entgegen sich ausbilden. Dieser Kindergarten würde darum wie Übungsanstalt für die Bildlinge, so zugleich Musteranstalt für ähnliche, in gleichem Sinn auszuführende Anstalt sein.[342] Im *Rechenschaftsbericht von 1843* werden dem Kindergarten folgende Aufgaben zugewiesen: *Eine Musteranstalt also für Kinderpflege, eine Übungsanstalt für Kinderführer und -führerinnen, eine Anstalt, welche angemessene Spiele und Spielweisen zu verallgemeinern sucht, eine Anstalt endlich, mit welcher alle in solchem Geist wirkende Eltern, Mütter, Erziehende und ganz besonders sich bildende Kindergärten durch ein von ihr herauszugebendes Blatt in lebenvollem Zusammenhang stehen könnte, dies soll der deutsche Kindergarten sein.*[343] Mit dieser Konzeption wollte Fröbel also Produktionsbetrieb und Versandort seiner Spielmaterialien, einen Modellkindergarten und ein Ausbildungsinstitut für Kleinkindererzieher mit einem Verlagshaus verbinden. Entscheidend an dieser Konzeption bleibt aber, daß 1840 noch die Hauptaufgabe in der Ausbildung von Kinderpflegerinnen im Modellkindergarten durch Kinderführer (Kindergärtnerinnen) gesehen und angestrebt wurde, daß die Kinderpflegerinnen im Bereich der Familie erzieherisch wirksam werden. Die Konzeption von 1843 hingegen beschreibt Kurse für Kindergärtnerinnen, die Kindergärten leiten und die Familie sozialpädagogisch entlasten. Der geplante Musterkindergarten kam übrigens nie zustande. Den Blankenburger Spielkreis hat Fröbel nicht als Musterkindergarten angesehen. Er wollte in Heidelberg eine entsprechende Einrichtung realisieren.[344]

In den Blankenburger Jahren (1837–43) entfaltet Fröbel eine immense Produktivität. Nach der Krisenphase ständiger Selbsterforschung in Willisau und Burgdorf scheint sein Ich stabilisiert, scheinen seine Ziele festzuliegen. Er klärt im intensiven Briefwechsel mit Langethal[345] und Friederike Schmidt[346] die erziehungstheoretischen Grundlagen seiner Spielmaterialien und entwickelt in einem sehr umfangreichen Brief an die ungarische Gräfin Brunszvik 1842 die schon früher aus dem Spiel mit dem Ball entstandenen Bewegungsspiele weiter.[347] Das wichtigste Dokument dieser Zeit stellt freilich das *Sonntagsblatt* dar, dessen vollständiger Titel lautet: *Kommt, laßt uns unsern Kindern leben! Keime, Knospen, Blüten und Früchte aus dem Leben für Betätigung dieses Wechselzurufes geeinter Familien in Deutschland, in der Schweiz und in Nordamerika. Ein Sonntagsblatt für Gleichgesinnte.*[348] Diese zweite Wochenzeitschrift – nach den *Erziehenden Familien* von 1826 – enthält in zwei Jahrgängen insgesamt 52 Nummern. Die erste Nummer erschien im Dezember 1837. Das *Sonntagsblatt* repräsentiert nicht nur alle Spielreflexionen Fröbels aus dieser Zeit, es dokumentiert auch die Bemühungen, die Realität der neuen Spielpflege zu beschreiben. Es enthält Beiträge Langethals zur Elementarschule in Burgdorf, insbesondere über Bewegungsspiele, und Berichte Fröbels über die beiden Spielanstalten in Frankfurt am Main. *Die Mitteilungen aus dem Kinderleben. Aus einem Tagebuch eines Erziehers über die Wirkung der Spiel- und Beschäftigungsmittel, angewandt in einem Kinderkreise*[349] zeigen den ersten Versuch einer empirischen Forschung. Die bei-

„Kommt, laßt uns unsern Kindern leben!“

Ein Sonntagsblatt für Gleichgesinnte

und unter thätiger Mitwirkung derselben

gegeben von

Fr. Fr.

II. Band. 1838 und 1840. № 12.

„David spricht: Aus dem Munde der jungen Kinder und Säuglinge hast du dir eine Macht zugerichtet. Da wird ein jeglicher Diener des Worts gelehrt, daß er ein Kind und Säugling werde mit den Kindern und Säuglingen.“

D. M. Luther.

Einführung entwickelnder Kinderpflege ins Leben,

besonders durch Ausführung entsprechender Spiel- und Beschäftigungs-Anstalten.

Die Spiel- und Beschäftigungsanstalt der israelit. Bürger- und Realschule zu Frankfurt a. M.

Durch mehrseitige, sich auf unmittelbare Vorführungen und somit auf Sachkenntniß gründende Mittheilungen, wurde auch bei mehreren Erziehern und Lehrern der israelit. Gemeinde zu Frankfurt a. M. die lebhafteste Theilnahme an entwickelnder Kindheitpflege hervorgerufen. Namentlich war dieß der Fall bei dem Herrn D. M. Heß, Vorsteher der israelitischen Bürger- und Realschule daselbst, und Herrn J. Hochstädter, ordentlichem Lehrer an derselben, und so entstand im Sommer vor. J. in denselben der bestimmte Wunsch, mit der Einführung dieser rein entwickelnden Erziehungs- und der mit Nothwendigkeit daraus hervorgehenden erziehenden Führungs-, Spiel- und Beschäftigungsweise in einer, mit ihrer Bürger- und Realschule zu verknüpfenden, Anstalt einen Versuch zu machen. In der Mitte August v. J. wurde dieser Wunsch dem hochachtbaren israelit. Schulrathe zur Begutachtung vorgelegt und in seiner Sitzung am 18. August v. J. für Ausführung des gemachten Vorschlages, Herrn Hochstädter auf mehrere Wochen nach Blankenburg zu senden, um daselbst an Ort und Stelle theoretisch-praktisch nicht nur sich mit dem Gegenstande bekannt, sondern auch durch Uebung und somit durch unmittelbare Theilnahme an den Spielen und Beschäftigungen der Kinder sich mit der Sache und deren Wirkung auf die Gesammtheit des Kindeslebens ganz vertraut zu machen, um bei der Rückkehr über die Anwendbarkeit dieser Beschäftigungsweise bei kleineren Kindern überhaupt, besonders aber

Titelseite des Sonntagsblattes

den Begleitschriften zur ersten und zweiten *Gabe* von 1838 variieren die entsprechenden Texte im *Sonntagsblatt*, stimmen aber mit diesen im wesentlichen überein. Die Schrift *Nachricht und Rechenschaft von dem Deutschen Kindergarten*[350] berichtet über die Realisierung der Kindergartenidee, verlagert aber den Schwerpunkt des Kindergartens zur Ganztagseinrichtung hin und informiert ausführlich über das Echo der Stiftung in der Presse. Dieses Echo war zwar weitgehend positiv; jedoch blieb die angeregte Aktienzeichnung dürftig.

Fröbel äußert im März/April 1837 gegenüber Langethal: *Siehe nun ... so ist es auch in der jetzigen neuen Stufe der Menschheit mit der Betrachtung und Anschauung jedes einzelnen Menschen und selbst des Kleinsten, was den Menschen angeht; alles ist ganz anders geworden ... Die Natur lehrt. Sie sagt: siehe es ist alles neu ...* Aber dann folgt eine verräterische Wendung: *Wandle ich unter Fremdlingen? Wandle ich Deutscher nicht unter Deutschen, daß ich nicht verstanden werde?* [351] Und 1842 sieht er sogar die Entwicklung seiner Lebensidee, des Kindergartens, problematisch an, so daß er Friederike Schmidt klagt: *Sehen Sie ... den gewaltigsten Lebenskampf: Aufforderung und Hemmung, Anreizung und Fessel, kla-*

Aktienangebot von 1840

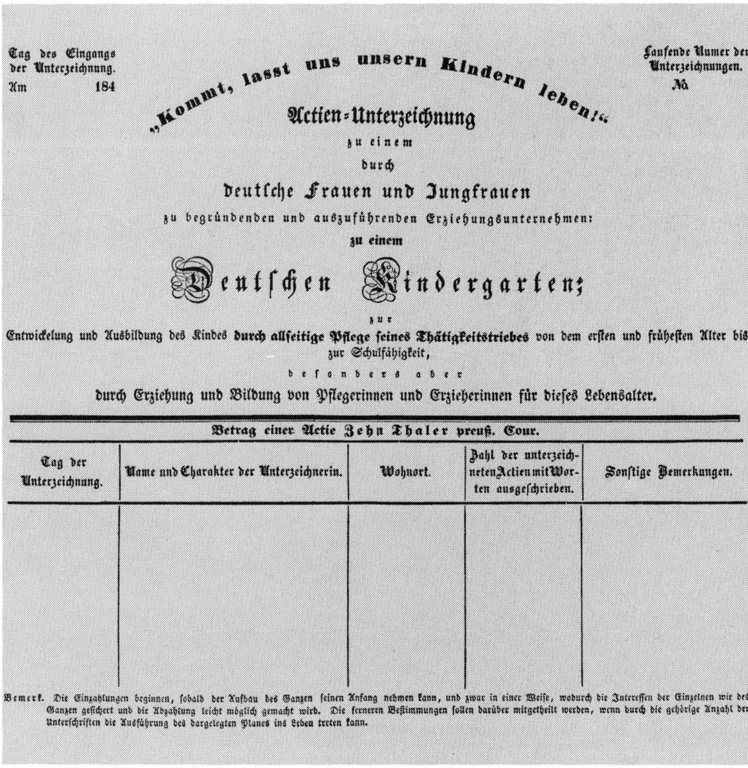

Tag des Eingangs der Unterzeichnung.
Am 184

Laufende Numer der Unterzeichnungen.
№

„Kommt, lasst uns unsern Kindern leben!“

Actien=Unterzeichnung

zu einem

durch

deutsche Frauen und Jungfrauen

zu begründenden und auszuführenden Erziehungsunternehmen:

zu einem

Deutschen Kindergarten;

zur

Entwickelung und Ausbildung des Kindes **durch allseitige Pflege seines Thätigkeitstriebes** von dem ersten und frühesten Alter bis zur Schulfähigkeit,

besonders aber

durch Erziehung und Bildung von Pflegerinnen und Erzieherinnen für dieses Lebensalter.

Betrag einer Actie Zehn Thaler preuß. Cour.

Tag der Unterzeichnung.	Name und Charakter der Unterzeichnerin.	Wohnort.	Zahl der unterzeichneten Actien mit Worten ausgeschrieben.	Sonstige Bemerkungen.

Bemerk. Die Einzahlungen beginnen, sobald der Aufbau des Ganzen seinen Anfang nehmen kann, und zwar in einer Weise, wodurch die Interessen der Einzelnen wie des Ganzen gesichert und die Abzahlung leicht möglich gemacht wird. Die ferneren Bestimmungen sollen darüber mitgetheilt werden, wenn durch die gehörige Anzahl der Unterschriften die Ausführung des dargelegten Planes ins Leben treten kann.

Friedrich Fröbel

res Licht und Ziel und dunkle Nacht und Weg. Keine Brücke ins Jenseits des doch so natürlich als notwendig und einfach erscheinenden Lebens ... ein harter, auf sich und in sich zusammenziehender, persönlicher innerer Lebenskampf, eigentlich der uralte Kampf meines Lebens, welcher aber doch endlich nach einer klaren und bestimmten Stimme meines Inneren, endlich aufhören sollte.[352] Hinter ihm lag der Tod seiner Frau, die Trennung von Langethal, der 1840 von Burgdorf weggegangen war und sich aus religiösen Gründen von Fröbel gelöst hatte. Hinter ihm lag auch die Abwendung des Keilhauer Kreises, der unter Barop seine eigenen Wege ging, auch wenn sich Fröbel noch immer als *natürlichen und von der Gemeinsamkeit des Kreises menschlich anerkannten Mittelpunkt*[353], als *Vater des Ganzen*[354] sah. Nur Middendorff blieb ihm verbunden. Aber der härteste Schicksalsschlag, das Verbot der Kindergärten, sollte noch kommen.

Die letzten Jahre

Versunken im Anschauen und durchglühet von dem Gefühle, daß in dem, vom Vater alles Seienden – als Offenbarung seines eigenen Wesens – Dir geschenkten Kinde, ein, darum auch in sich einiges Wesen zu sinniger Beachtung und sorgsamer Pflege Dir anvertraut sei, ruht, glückliche Mutter! Dein Blick auf ihm, als einer hohen Gottes-Gabe. Ahnungen, die Dich, Mutter! mit Seligkeit erfüllen, daß dieses Wesen in reichster Mannigfaltigkeit, in Einzelheiten und Eigentümlichkeit, sich Dir zur Freude wie zum Spiegel Deines eigenen Wesens entwickeln werde, durchströmen Dein Gemüt... Dein Kind, treue Mutter, seinem Wesen und dessen Erscheinungen entsprechend in dieser Verknüpfung, ja ursprünglichen und unauflöslichen Einigung, in seiner Selbständigkeit, in seiner Selbsttätigkeit zu erfassen, es dann all' diesen waltenden Gesetzen und Forderungen gemäß zu warten, zu pflegen, zu entwickeln, zu bilden – das ist, Mutter! die Aufgabe der Erziehung Deines Kindes, – ... Und so führst Du Dein Kind von der Sache zum Bild, vom Bild zum Sinnbilde, vom Sinnbilde zum Erfassen des Wesens der Sache als geistiges Ganzes; so entwickelt sich die Idee, die Ideen des Einzelnen und des Ganzen; es überschaut so später Dein Kind, am Ziel seiner Erziehung und Ausbildung, sein Leben als Glied des Ganzlebens als ein in sich klares Seelengebild, wie das Leben seiner Familie, seines Volkes, der Menschheit, das Wesen, Leben und Wirken Gottes in Allem und durch Alles.[355]

Mit diesen Worten kennzeichnet Fröbel in seinem letzten großen Buch, den *Mutter- und Koseliedern* von 1844 sein Programm der Kleinstkindererziehung, der Pflege des Kindes vom ersten bis zum dritten Lebensjahr. Mit diesem *Familienbuch* schließt sich für Fröbel der pädagogische Kreis, den er sich 1805 in Frankfurt am Main durch die Einarbeitung in Pestalozzis Elementarmethode und in dessen «Buch der Mütter» eröffnet hatte. In den *Mutter- und Koseliedern* hat Fröbel am überzeugendsten seine Pädagogik der *Lebenseinigung* der *sphärischen Erziehung* auf einen bestimmten Entwicklungsabschnitt bezogen und hier die Spielpraxis des Kleinstkindalters beschrieben. Wie die Kindergartenpädagogik knüpfen auch die *Mutter- und Koselieder* an das elementarmethodische wie kate-

Mutter- und Koselieder. Das Taubenhaus. Faksimile-Druck 1911

gorialbildende pädagogische Programm Pestalozzis an. Fröbel setzt aber an die Stelle der Belehrung das Spiel, an die Stelle isolierter, also abstrakt-formaler kognitiver Übung die lebensnahe ganzheitliche Situation. Deutlicher auch als Pestalozzi betont Fröbel hier die Basisbedingung aller Erziehung und jedes erziehenden Unterrichts: die Bedeutung der emotionalen, vertrauensvollen Zuwendung, der Liebe. *Lebenseinigung* als pädagogisches Programm schließt das wechselseitige Sichöffnen von Kind und Welt wie auch den pädagogischen Bezug, die gesamtmenschliche Zuwendung des Pädagogen, der Mutter wie der Kindergärtnerin zum Kind mit ein.

Das *Familienbuch* der *Mutter- und Koselieder* enthält Lieder (Verse) und Bildtafeln. Diese Liederverse wie auch die Bilder beschreiben das *Kosen* der Mutter mit dem Säugling und umfassen ferner *Glieder- und Sinnenspiele*, meist Fingerspiele, für das zwei- und dreijährige Kind. Die Dinge der unmittelbaren Lebenswelt wie auch Szenen menschlichen Zusammenlebens sollen hier dem Kinde sichtbar gemacht werden: spielendhandelnd, eingebunden in kindliche Erlebnisse und gefaßt in phänomennaher, gleichwohl abstrahierender Gestalt in Bild und Spielgeste. Wenn so die Mutter mit ihrem Kind spielt, werden dem Kind beim nachahmenden Mitspielen der Spielgestalt des einzelnen Fingerspiels dessen Motiv – etwa das *Taubenhaus* mit den aus- und einfliegenden Täubchen – zum Symbol einer Gesetzmäßigkeit, die als tiefere Bedeutung dem Spiel zugrundeliegt und an der dargestellten, erspielten Spielgestalt erahnt werden kann. So symbolisiert das Fingerspiel *Taubenhaus* das Gesetz des Sichabwendens und Wiederkehrens, die Struktur von Einheit und Gegensatz.[356]

So wirksam die *Mutter- und Koselieder* innerhalb der späteren Fröbelbewegung im 19. Jahrhundert waren, so wenig wurden sie zu Lebzeiten Fröbels beachtet.

Nach dem Erscheinen der *Mutter- und Koselieder* und dem nur teilweise verwirklichten Versuch einer systematischen Neufassung der *Gaben und Beschäftigungsmittel* im Jahre 1844 entfaltete Fröbel in der folgenden Zeit eine rege Reisetätigkeit. Auf Reisen in Süddeutschland – von Pfingsten 1844 bis Januar 1845 – hielt er sich in Frankfurt am Main, Heidelberg, Darmstadt und Stuttgart auf und warb für seine Spielpflege. Der Briefwechsel mit Professor Karl Hagen in Heidelberg, den er über Leonhardi kennenlernte, dokumentiert diese Reiseaktivitäten Fröbels.[357] Im Februar 1845 erläßt Fröbel einen Aufruf zur Gründung von *Vereinen erziehender Männer und Väter für Erziehung der Kinder und des Menschen*.[358] Im April nimmt er an Adolf Frankenbergs Hochzeit in Dresden teil. Im November reist er zu Pfarrer Woepke in Annaburg bei Torgau. Mit ihm unterhält er einen intensiven Briefwechsel – die zweite aufschlußreiche Briefquelle aus dieser Zeit. Nun trägt sich Fröbel mit dem Gedanken einer Zeitschrift für den Kindergarten. Sie soll *Der deutsche Kindergarten*[359] oder *Mitteilungen über und aus den Kindergärten*[360] heißen, kommt aber nicht zustande. Von Juni bis November hält sich Fröbel im sächsischen Vogtland auf. Dann werden durch die Vermittlung von Pfarrer Hildenhagen aus Quetz bei Magdeburg Kontakte zur Volksschullehrerschaft angebahnt, die sich zunächst auf die Planung eines Kinder- und Jugendspielfestes bei Hildburghausen beschränken.[361]

Die im März 1848 ausgebrochene bürgerliche Revolution hat Fröbel emphatisch begrüßt. Er erhofft sich von dieser eine radikale Reform des Bildungswesens und so auch die Beachtung seiner Kindergartenpädagogik. An Friederike Schmidt schreibt er: *Sie sehen, liebe Muhme, der heraufdämmernde neue Lebensmorgen und die hoffentlich bald heraufglänzende Frühlingslebenssonne weckt auch das Alter aus seiner Ruhe... Der zweite Grund... meiner bis heut verspäteten Beantwortung... ist der wogende Sturm, der, Gott gebe es, gründlichen Verbesserung durch alle Lebensverhältnisse hindurch... Ruhig arbeitet man jetzt, nachdem man das meiste Mißliebige entfernt hat, an der Bildung des neuen Lebens fort... Heil dem nun freien Vaterlande. Gegrüßet sei des deutschen Volkes Frühlingsmorgen. Mit dem Natur- und Himmelfrühling begann auf der Erde der Deutschen Volks- und Vaterlandsfrühling...*[362]

Nun greift er die in Quetz geknüpften Kontakte zur Volksschullehrerschaft wieder auf und weitet sie ganz erheblich aus. Aus einem Schreiben vom 16. Juli 1848: *Die gesamte Volkslehrerschaft des Herzogtums Meiningen und Koburg, sowie die Volkslehrer des Königreichs Sachsen haben die Kindergärten als Grundlage echter, deutscher Volksbildung anerkannt und bitten ihre obersten Landesbehörden, die Kindergärten als begründetes und somit wesentliches Glied der gesamten Volkserziehung in das Ganze des Volksunterrichts und seiner Anstalten mit aufzunehmen und ihnen gleiche Rechte und Unterstützung zuzusichern.*[363] Im August 1848 findet in Rudolstadt eine Lehrerversammlung statt, zu der Fröbel eingeladen hat. Auf dieser *Versammlung von Volkslehrern und Freunden deutscher Volkserziehung, besonders von Kindergärten,* wurde an drei Tagen über Fröbels Kindergarten diskutiert und folgende Resolution verabschiedet: «Alle deutschen Regierungen sowie der deutsche Reichstag zu Frankfurt möchten die Idee der öffentlichen Kleinkindererziehung und der Kindergärten mehr und mehr in Erwägung ziehen und namentlich mit Benutzung der reichen, in den Fröbel'schen Kindergärten seither benutzten Lehrstoffe, Lehr- und Spielmittel, die Bildung von Lehrern und Lehrerinnen kleiner Kinder (oder wie Fröbel sagt, von Kindergärtnern und Kindergärtnerinnen), sowie die Gründung von Kindergärten selbst, fördern ...»[364] Die von Middendorff abgefaßte Schrift: «Die Kindergärten.

Bedürfnis der Zeit, Grundlage einigender Volkserziehung» (1848) wurde der Nationalversammlung vorgelegt.[365] Fröbel fühlt sich bestätigt. Hagen gesteht er: *Ich will Ihnen ... etwas aussprechen, was bisher als tiefes Geheimnis gleichsam in meinem Innersten schlummerte: Prüfen Sie all mein erziehendes Tun in seinem innersten Kern, – ich erziehe und bilde seit einem Menschenalter für die Republik und zu ihr hin, ich bilde und erziehe für die Ausübung der republikanischen Tugenden*[366], eine sicherlich nicht zutreffende Selbstbeurteilung. In einem anderen Brief von Juli 1848

Das Fröbel-Denkmal in Keilhau

Adolph Diesterweg

spricht er von *dem jetzigen Zerfallen und Auflösen aller Lebensverhältnisse, nach ewigem Gesetze sich entwickeln und gestalten sollende, ja sich jetzt schon entwickelnden Keime eines neuen Lebens zu höherem reinerem, fried- und freudvollerem Dasein.*[367] Pfarrer Woepke berichtet er aus Dresden – dort hält er seinen Bildungskurs von Oktober 1848 bis April 1849 ab –, er habe 45 Teilnehmer, sei aber *voll großer Freude. Sie sehen ... wie die Wogen der Zeitentwicklungen auch mich ergriffen und mich auf das Meer des Lebens, aber auch mit meinem ganzen Wollen und Streben und gleichsam im Dienste desselben hinausgetrieben haben.*[368] *Denn alles Leben ist ja jetzt in einem wiedergebärenden Gähren.*[369]

Fröbel wollte sich von Keilhau lösen. Die politische Umbruchssituation erleichterte ihm die Entscheidung. Die junge Henriette Breymann, eine Verwandte Fröbels, wohnte seit Mai in Keilhau. Sie schrieb an die Eltern: «Der Oheim ist noch nicht da, wie begierig bin ich, ihn zu sehen. Ich weiß nicht, wie er zu allem hier steht, er hat doch die Anstalt gegründet, das Ganze ist sein Werk, aber außer Middendorff spricht eigentlich niemand so recht herzlich von ihm. Auch in Rudolstadt scheint er gar nicht so recht anerkannt zu werden wie Barop und Middendorff, Onkel und Tante B.

Luise Fröbel, geb. Levin

sind sehr für die beiden letzteren eingenommen, aber Fröbel nennen sie einen ganz unpraktischen Idealisten.»[370] Mit einem Kreis junger Frauen wollte Fröbel für seine Bildungskurse eine neue Stätte suchen. Zu diesem Kreis zählte neben Henriette Breymann (1827–99) und Allwina Middendorff auch Luise Levin (1815–1900), seine spätere zweite Frau. An Luise (und Allwina) schreibt Fröbel aus Dresden: *Glücklich an einem wunderschönen grünlich-goldenen Abend und einem prachtvoll glänzenden Nachthimmel, erleuchtet von der im Wachsen begriffenen Mondsichel – wieder in Dresden angekommen, will ich Euch wenigstens so freundliche als innig gute Nacht sagen.*[371] Im Mai siedelt Fröbel nach Bad Liebenstein bei Meiningen um und eröffnet die *Anstalt für allseitige Lebenseinigung durch entwickelnd-erziehende Menschenbildung* (Kindergarten und Kindergärtnerinneninternat). Henriette Breymann führt zusammen mit Luise Levin den Haushalt. Kontakte mit Bertha von Marenholtz-Bülow (1810–93) und Adolph Diesterweg (1790–1866) im Sommer 1849 helfen Fröbel, die Enttäuschung über die Rückschläge in der politischen und bildungspolitischen Reform zu überwinden. Bertha von Marenholtz-Bülow erreichte später durch ihren unermüdlichen Einsatz eine Ausbreitung des Kindergartengedankens über ganz Europa in den fünfziger und sechziger Jahren; Diesterweg kämpfte für die Anerkennung der Erziehungstheorie Fröbels nach dessen Tod.

Von November 1849 bis April 1850 hält Fröbel einen Ausbildungskurs für Kindergärtnerinnen in Hamburg ab. In Wichard Lange gewinnt er einen weiteren Mitarbeiter neben Luise Levin und dem Dresdener Bruno Marquart. Lange, der spätere Herausgeber von Fröbels Schriften (1862/63), betreut die zweite Kindergarten-Wochenzeitschrift: *Friedrich Fröbels Wochenschrift. Ein Einigungsblatt für alle Freunde der Menschenbildung.*[372] Diese Wochenschrift erschien 1850 in 52 Nummern. Der Herzog von Meiningen bietet Fröbel im Frühjahr 1850 das Schlößchen Marienthal bei Bad Liebenstein als Wohnsitz an. Im Mai erfolgt der Umzug. Im Juni 1851 geht Fröbel seine zweite Ehe mit Luise Levin ein. Die Beziehung der 33 Jahre jüngeren Schülerin zu Fröbel ist bestimmt durch «kindliche Verehrung» und Fürsorge. Luise Fröbel schreibt darüber: «Fröbels Alter störte mich nicht, er stand in meinen Augen hoch über allen andern Männern, und ich fühlte nur, wie unbedeutend ich neben ihm stand.»[373] Ab Oktober 1851 erscheint eine weitere, von Marquart herausgegebene Wochenschrift, die *Zeitschrift für Friedrich Fröbels Bestrebungen zur Durchführung entwickelnd-erziehender Menschenbildung in allseitiger Lebenseinigung*[374].

Schloß Marienthal

Durch die Kontakte mit der Volksschullehrerschaft, aber auch veranlaßt durch die Diskussion um die Beziehung Kindergarten–Schule auf der Lehrerversammlung 1848 wendet sich Fröbel 1849 bis 1851 verstärkt dieser Frage zu. Doch zeigen beide Wochenzeitschriften des späten Fröbel zugleich die weitere Erarbeitung wesentlicher Kindergartenbereiche wie Zeichnen, Gartenpflege, Papierfalten, Stäbchenlegen. Berichte aus dem Alltag von Kindergärten sowie über neue, erfundene Spiele belegen, wie ernst Fröbel den Vorwurf der Rudolstadter Versammlung nahm, die Kindergärten neigten zur Spielerei: *Das Kind soll der Schule entgegengeführt, entgegengebildet werden, aber doch nicht geschult ... Aufgabe des Kindergarten sei, mit dem Kinde zwar seiner kindlichen Natur entsprechend sich zu beschäftigen, mit ihm zu spielen, allein auf der einen Seite weder in kindischer spielerischer, ich möchte sagen läppischer, leerer Weise, auf der anderen Seite aber auch nicht in harten, vorschreibenden Verstandesformen ...*[375] Allerdings ist nicht zu verkennen, daß in der letzten Schrift Fröbels, der zweiten *Begleitschrift zur dritten Gabe* – eine erweiterte Fassung des Aufsatzes zur dritten *Gabe* im *Sonntagsblatt* (1838) – deutlich verschulende Tendenzen anzutreffen sind.[376]

Die letzte Wochenschrift Fröbels enthält ferner sein Bekenntnis zum christlichen Kindergarten in dem Aufsatz: *Über das Prinzip, das Wesen der Erziehung überhaupt, über das christliche Prinzip, das Wesen des Christlichen in der Erziehung, und ganz besonders über das christliche Prinzip und Wesen der Kindergärten.*[377] Weshalb dieses Bekenntnis? Nun, am 23. August 1851 wird in Preußen ein Verbot der Fröbelschen Kindergärten erlassen, das erst 1860 wieder aufgehoben wird und Fröbel schwer trifft. Direkt zielte der Erlaß auf Friedrich Fröbels Beziehungen zu seinem sozialistisch gesinnten Neffen Karl Fröbel in Hamburg ab, indirekt aber auf die Ausbreitung der Kindergärten in den Freien Gemeinden Preußens, die sich nicht konfessionell gebunden fühlten. Der Erlaß selbst lautete: «Wie aus der Broschüre ‹Hochschulen für Mädchen und Kindergärten usw.› von Karl Fröbel erhellt, bilden die Kindergärten einen Teil des Fröbelschen sozialistischen Systems, das auf Heranbildung der Jugend zum Atheismus gerichtet ist. Schulen usw., welche nach Fröbelschen oder ähnlichen Grundsätzen errichtet werden sollen, können daher nicht geduldet werden.»[378] Die Eingabe Fröbels an den preußischen König bittet um eine Überprüfung des Erlasses; sie enthält den bezeichnenden Satz: *Die Sache der Kindheit kann keiner Partei angehören, deshalb eben steht meine unbeschützt innerhalb des Parteitreibens,* und weist darauf hin, daß im Kindergarten zwar kein *positiver Religionsunterricht* gegeben werde, aber alles Tun beabsichtige, *die Seele aufzuschließen für sittlich religiöses Gefühl, vorzubereiten für das Aufnehmen aller Wahrheiten – somit der christlichen*[379]. In einem Brief aus dieser Zeit zweifelt er an, ob

Frontispiz der Mutter- und Koselieder. Faksimile-Druck 1911

er die Aufhebung des Verbots erreichen werde; ... *liegt mir auch nichts daran ... auch meinen echten Freunden wird nichts daran liegen, es sei denn, daß man das Leben der gesamten deutschen Kindheit unter das schwarze, weißgefranste Toten- und Leichentuch begraben wollte, aber selbst auch dagegen kann ich nichts sagen, wenn das deutsche Vater- und Mutterherz, wenn es der deutsche Bruder-, Schwester- und Familiensinn zu ertragen im Stand ist. Alle diese haben lange genug einen halben Totenschlaf geschlafen, es ist gut, wenn man endlich klar erfahren wird, daß sie alle, alle mausetot sind, dann wird man doch wenigstens von der Täuschung frei, die Hoffnung auf endliches Erwachen ...* [380] Wie zur Schweizer Zeit trägt er sich nach 1851 mit dem Gedanken der Auswanderung in die USA, dem *Lande der Union* [381], spricht von der Übersiedlung der Kindergärten *nach dem jugendlich strebenden Amerika ... Was durch solche Übersiedlung aber Deutschland verliert, wo es eben an vom Geiste gehobener Tatkraft mangelt, das wird dann die Menschheit erben.* [382] Aber die Vorstellung, in einem anderen Land [383], insbesondere in den USA dem Kindergarten zur Blüte zu verhelfen, findet sich auch bereits 1844, als finanzielle Sorgen des Produktionsbetriebes und die nur zögernde Ausbreitung der Kindergärten ihn belasten. [384] Friederike Schmidt schreibt er zu dieser Zeit: *Ich trage nun auch den Gedanken zur Ausführung* (Auswanderung) *für künftiges Frühjahr sehr pflegend in mir.* [385] Daneben finden sich zunehmende Äußerungen der Skepsis [386], des Alleinseins [387] und des baldigen Todes [388]. Er glaubt in Deutschland unverstanden zu sein und resigniert: *Sie sehen, daß Deutschland immer das alte bleibt. – Die es mit ihm und seinen Bewohnern gut meinen, müssen sich erst totmüde und dem Grabe nahe gearbeitet haben, damit ihnen ein Echo ihres doch vaterländischen Wollens aus der Fremde komme, ehe man ihnen nur Beachtung, geschweige notdürftige Anerkennung schenkt.* [389]

Aber neben dieser Resignation steht der Glaube an die «heilige» Familie, an bewußt vollzogene Integration von Mutter und Kind in der Spielpflege. Das Lilienfest von 1808, erneuert in der emphatischen Schrift zur *Erneuung des Lebens* von 1835 findet seine letzte Erfüllung in den *Mutter- und Koseliedern* von 1844. Die früh verstorbene Mutter, immer wieder zu vergegenwärtigen versucht in den Gestalten der Phantasie und des Lebens, in Caroline von Holzhausen, in Wilhelmine, Emilie und Elise und in Friederike Schmidt sowie in Luise Levin, sie werden idealtypisch beschrieben im Titelblatt der *Mutter- und Koselieder*, das damit zugleich die Beschwörung der zum Himmel zeigenden sterbenden Mutter des Konfirmandenbriefs (1832) wiederholt [390]: *Eine Mutter, durchdrungen von der Würde und Wichtigkeit ihrer Bestimmung, und in ihrem treu liebenden Herzen erfüllt von der hohen Bedeutung des Rufes: «Kommt laßt uns unseren Kindern leben!» ist umgeben von den Ihrigen, und bemühet, durch*

Gesang das Wesen derselben für Sinnigkeit und allseitigen Lebenseinklang zu entwickeln ... Harmonische Lebensentwicklung ist der belebende Geist, welcher hier weht und wer träte, wo dieser tätig ist, nicht schüchtern ein ... In solcher Beachtung hingegeben blühen unbemerkt aus der vom Kindersinn gepflegten Lilie Unschuld und Frohsinn, Liebe und Freudigkeit empor,

Fröbels Grabmal in Schweina

Der Fröbel-Stein bei Bad Liebenstein

streben zu ihrer hohen Quelle, der Sonne, sich anrankend an den Stengel, welcher ihre Blume trägt ... Aus den Wolken endlich, ertönt die Stimme: «dies ist die Pflege meiner Kinder im Garten des Lebens, an der ich Wohlgefallen habe».

Diesem Glauben an die «heilige Familie» ist Fröbel bis an sein Lebensende treu geblieben. Er hat jedoch nicht vermocht, die Erschütterung durch das Kindergartenverbot auszugleichen. Fröbels Lebenskraft ist gebrochen. Die Vernichtung seines Lebenswerks hat ihn zutiefst verwundet. Am 21. Juni 1852 stirbt Friedrich Fröbel in Schloß Marienthal. Auf seinem Grab stehen Würfel, Walze und Kugel zur Erinnerung an das Geschenk seiner Gaben an die Kindheit. Die Grabplatte trägt Fröbels Wahlspruch: Kommt, laßt uns unsern Kindern leben!

Anmerkungen

Abkürzungen:

Br.	=	Brief
Tbl.	=	Tageblatt. Die röm. Ziffern beziehen sich auf die Anordnung der Mappen im Berliner Nachlaß
Dok.	=	Dokument
B.	=	M. Bode: Friedrich Fröbels Erziehungsidee und ihre Grundlage. In: Zeitschr. f. Geschichte d. Erziehung u. d. Unterrichts 15 (1927) 118–184
G 1935	=	B. Gumlich (Hg.): Friedrich Fröbel. Brief an die Frauen in Keilhau. Weimar 1935
G 1952	=	Gedenkschrift zum 100. Todestag von Friedrich Fröbel. Berlin 1952
G 1976	=	L. Geppert: Friedrich Fröbels Wirken für den Kanton Bern. Bern–München 1976
H I	=	E. Hoffmann (Hg.): Friedrich Fröbel. Ausgewählte Schriften. Bd. I: Kleine Schriften und Briefe. Godesberg 1951
H II	=	E. Hoffmann (Hg.): Friedrich Fröbel. Ausgewählte Schriften. Bd. II: Die Menschenerziehung. Düsseldorf–München 1951, 2. Aufl. 1961
H III	=	H. Heiland (Hg.): Friedrich Fröbel. Ausgewählte Schriften. Bd. III: Vorschulerziehung und Spieltheorie. Düsseldorf–München 1974
H 1948	=	E. Hoffmann (Hg.): Friedrich Fröbel und Karl Hagen. Weimar 1948
H 1952a	=	E. Hoffmann (Hg.): Mein Herzenskind. Fröbels Briefwechsel mit Kindern (1940). 2. Aufl. Frankfurt a. M. 1952
H 1952b	=	E. Hoffmann: Ein Brief des jungen Friedrich Fröbel. In: Die Sammlung 7 (1952), 317–328
Ha 1874	=	A. B. Hanschmann: Friedrich Fröbel. Eisenach 1874
Ha 1926	=	F. Halfter: Das Vermächtnis Friedrich Fröbels an unsere Zeit. Zwei Briefe vom Jahre 1832. Leipzig 1926
Ha 1930	=	F. Halfter: Der junge Fröbel. Beiträge zur inneren Entwicklung Friedrich Fröbels 1782–1811 (Diss. 1924). Langensalza 1930
Ha 1931	=	F. Halfter: Friedrich Fröbel. Der Werdegang eines Menschheitserziehers. Halle/S. 1931
He 1905	=	E. Heerwart: Wilhelmine Fröbel. Eisenach 1905
He 1967	=	H. Heiland: Die Symbolwelt Friedrich Fröbels. Heidelberg 1967

He 1969 = H. Heiland: Die «Mutter- und Koselieder» Fröbels. In: Bildung und Erziehung 22 (1969), 198–214

J = Jänicke: Beiträge zur Fröbelliteratur: Ungedruckte Briefe Friedrich Fröbels aus den Jahren 1845–1851. In: Pädagogische Blätter f. Lehrerbildung u. Lehrerbildungsanstalten. Gotha 9 (1880), 97–118, 223–224

K 1926 = M. A. Kuntze: Fr. Fröbels Verhältnis zu Frau von Holzhausen. In: Kindergarten 67 (1926), 65–68, 193

K 1932 = M. A. Kuntze: Lebenseinigung. In: Kindergarten 73 (1932), 233–239

K 1952 = M. A. Kuntze: Friedrich Fröbel. Sein Weg und sein Werk (1930). 2. Aufl. Heidelberg 1952

KG 1883/85 = Briefe Friedrich Fröbels an Heinrich Langethal. In: Kindergarten 24 (1883) – 26 (1885)

L = C. Lück (Hg.): Friedrich Fröbel und die Muhme Schmidt. Leipzig 1929

L I,1 = W. Lange (Hg.): Friedrich Fröbels gesammelte päd. Schriften. 1. Abteilung, Bd. 1. Berlin 1862

L I,2 = W. Lange (Hg.): Friedrich Fröbels gesammelte päd. Schriften. 1. Abteilung, Bd. 2. Berlin 1863

L II = W. Lange (Hg.): Friedrich Fröbels gesammelte päd. Schriften. 2. Abteilung. Berlin 1862

N = H. Nohl: Friedrich Fröbel an seine Nichte Elise. In: Die Erziehung 7 (1931/32), 385–405, 473–488

P = H. Pösche: Friedrich Fröbels Kindergartenbriefe. Wien 1887

Pr 1909 = J. Prüfer: Die päd. Bestrebungen Fr. Fröbels in den Jahren 1836–1842. Diss. Leipzig 1909. Berlin 1909

Pr 1911 = J. Prüfer (Hg.): Friedrich Fröbels Mutter- und Kose-Lieder. Faksimiledruck Leipzig 1911

Pr 1920 = J. Prüfer: Friedrich Fröbel. Leipzig 1914. 2. Aufl. 1920

R 1935 = A. Rinke: Friedrich Fröbels philosophische Entwicklung unter dem Einfluß der Romantik. Diss. Freiburg i. B. 1935. Langensalza 1935

R 1938 = A. Rinke: Die Teilnahme Friedrich Fröbels an dem Befreiungskriege 1813–1814. In: Zeitschr. f. Geschichte d. Erziehung und des Unterrichts 28 (1938), 68–92

R XIII = K. Riedel: F. Fröbels Briefe an Krause. 13. Sende. Dresden 1940

R XV = K. Riedel: A. Frankenberg u. d. Dresdner Fröbeltum. 15. Sende. Dresden 1943

R XVI = K. Riedel: F. Fröbel im Briefwechsel mit dem Hause Frankenberg. 16. Sende. Dresden 1943

Sch = K. Schröcke: Louise Fröbel. Fröbels zweite Gattin. Blankenburg 1912

St 1913 = R. Stiebitz: Friedrich Fröbels Beziehungen zu Pestalozzi in den Jahren 1805 bis 1810 und ihre Wirkungen auf seine Pädagogik. Diss. Leipzig 1913. Bautzen 1913

St 1933 = E. Strnad (Hg.): Friedrich Fröbel. Erneuung des Lebens. Leipzig 1933

W = A. Weise: Die Entwicklung von Friedrich Fröbels Naturanschauung bis zum Jahre 1816. Diss. Leipzig 1918

Z = H. Zimmermann (Hg.): Fröbels Kleinere Schriften zur Pädagogik. Leipzig 1914

1 Ha 1926, 40f (Br. März/6. 4. 1832)
2 K 1952, 13
3 L I, 1, 38
4 L I, 1, 37
5 E. Heerwart: Fröbels letztes Lebensjahr, Tod und Beerdigung. Eisenach 1902, 67
6 Ha 1930, 18f
7 G 1935, 4
8 G 1935, 3
9 L I, 1, 38
10 L I, 1, 42
11 L I, 1, 44
12 L I, 1, 53
13 Ha 1930, 48 (Br. v. 12. 8. 1799)
14 G 1935, 20
15 L I, 1, 62
16 L I, 1, 63
17 L I, 1, 64
18 L I, 1, 527 (Br. v. 26. 3./11. 4. 1807)
19 Ibd.
20 L I, 1, 525
21 L I, 1, 526f
22 L I, 1, 62
23 G 1935, 20f
24 L I, 1, 38
25 L I, 1, 69
26 Ibd.
27 Ibd.
28 G 1935, 32
29 G 1935, 38
30 G 1935, 35
31 Ha 1931, 130, vgl. L I, 1, 72 u. G 1935, 38
32 G 1935, 3. Nach Ha 1930, 12 ist der Begriff Lebenseinigung zuerst in den Dokumenten von 1831 nachweisbar
33 L I, 1, 83
34 L I, 1, 533 (Br. v. 24./26. 8. 1805)
35 L I, 1, 533 f (Br. v. 26. 3./11. 4. 1807)
36 G 1935, 38
37 L I, 1, 534
38 L I, 1, 76
39 L I, 1, 77
40 L I, 1, 77f
41 B, 151 (Tbl. 1806, I 2ab)
42 K 1952, 25 (Tbl. 1806)
43 Ha 1930, 105
44 Ha 1931, 171
45 L I, 1, 83
46 R 1935, 107 (Tbl. 1806 I, 2ab)
47 L I, 1, 79
48 Ibd.
49 St 1913, 11
50 G 1952, 31; H I, 5f
51 G 1952, 31
52 Ibd.
53 L I, 1, 86
54 L I, 1, 87
55 G 1952, 39
56 Ha 1930, 94
57 G 1952, 36
58 Deutung nach H I, 153; anders Ha 1930, 113
59 L I, 1, 536 (Br. v. 28. 3./11. 4. 1807)
60 G 1935, 51
61 G 1935, 52
62 L I, 1, 536
63 Ha 1930, 110
64 L I, 1, 90
65 W, 103
66 Ha 1930, 108
67 St 1913, 23f
68 L I, 1, 94
69 L I, 1, 539f
70 G 1952, 32f
71 Ha 1931, 234
72 G 1952, 35
73 St 1913, 34
74 K 1952, 27 (Tbl. 1806, I 2ab)
75 He 1969, 198ff
76 L I, 1, 135 (Br. v. 31. 3. 1831)
77 Ha 1931, 287 (Br. v. 1. 5. 1810)
78 Pr 1920, 18

79 St 1913, 5f
80 Ha 1931, 238
81 H 1952b, 319
82 H 1952b, 324
83 R 1935, 119 (Tbl. v. 6. 9. 1816, V, 92b–93a)
84 H 1952b, 323
85 St 1913, 121
86 H 1952b, 319
87 Z, 11–70
88 Z, 9
89 H I, 24 (Br. v. 21./23. 5. 1809)
90 Z, 8
91 G 1935, 54
92 L I, 1, 101
93 St 1913, 89ff (Br. v. 17. 1. 1810)
94 St 1913, 94f (Br. v. 1. 5. 1810)
95 St 1913, 83f (Br. v. 5. 6. 1810)
96 St 1913, 84 (Br. v. 15. 6. 1810)
97 Z, 75–87
98 St 1913, 84 (Br. v. 15. 6. 1810)
99 Ha 1931, 310
100 Z, 76
101 L I, 1, 539f (Br. v. 26. 3./11. 4. 1807)
102 L I, 1, 532f (Br. v. 24./26. 3. 1805)
103 Ibd.
104 Ibd.
105 G 1935, 51; auch L I, 1, 536
106 L I, 1, 537f
107 L I, 1, 536
108 Ha 1931, 312
109 W, 116 (Br. v. 13. 7. 1808); St 1913, 88 (Br. v. 26. 10. 1810)
110 W, 122
111 St 1913, 88
112 Vgl. die unterschiedlichen Interpretationen dieser Beziehung von 1810/11 bei K 1926, 65ff, Ha 1931, 306ff, H I, 156f, K 1952, 41
113 L I, 1, 153
114 N, 392f (Br. v. 17. 4. 1832)
115 G 1935, 60
116 G 1935, 55
117 G 1935, 56
118 K 1926, 66ff
119 He 1967, 69f
120 K 1926, 65ff
121 K 1926, 66
122 G 1935, 60
123 G 1935, 56
124 G 1935, 56 u. 59
125 G 1935, 59
126 W, 135, K 1952, 45f (Br. v. 1811), und 43 (Br. v. Frühjahr 1812)
127 G 1935, 62
128 W, 135
129 Vgl. J. G. Fichte: Grundlagen der gesamten Wissenschaftslehre (1794). Hamburg 1956; K. Giel: Fichte und Fröbel, Heidelberg 1959
130 W, 143 (Br. v. 18. 1. 1823)
131 B, 130 (Tbl. 1811, I, 32a)
132 W, 135
133 B, 153 (Tbl. 1811, I, 71a)
134 B, 163 (Tbl. 1811, II, 35a)
135 B, 153 (Tbl. 1811, I, 74a)
136 G 1935, 32
137 B, 144 (Tabl. 1811, III, 51ab)
138 Vgl. Anm. 32
139 L II, 337
140 R 1935, 117 (Tbl. 2. 8. 1811, I, 112a–b)
141 W, 117 (bei L I, 1, 102 nach Zeile 2 v. o. einzufügen)
142 W, 119 (bei L I, 1, 103 nach Zeile 4 v. o. einzufügen)
143 L I, 1, 103
144 L I, 1, 105
145 Ibd.
146 Bei B und R 1935 nur Teile der Tbl. ediert
147 H 1952a, 9
148 H 1952a, 13
149 H 1952a, 30
150 H 1952a, 35f
151 G 1935, 76
152 Vgl. Ha 1926, 37ff und H 1952a, 125ff
153 Zu Briefe und Kriegstagebuch vgl. A. Neuhaus: Auszüge aus d. Briefen d. Lützower Jägers F. Fröbel. In: Mitteilungen d. Germ. Nationalmuseums, Nürnberg 1913, 99–169; R 1938 u. Ha 1931, 350ff
154 L I, 1, 106f
155 Ibd.

156 G 1935, 66
157 L I, 1, 110
158 W, 126 (Br. v. 8. 5. 1814)
159 L I, 1, 112
160 L I, 1, 134
161 G 1935, 92
162 Ha 1931, 433 ff, 448, 466
163 Vgl. B und R 1935
164 G 1935, 71, 81
165 He 1967, 92 u. 96
166 G 1935, 73
167 K 1926, 66 (Tbl. 16. 5. 1816)
168 Nach L I, 1, 137 in Stockholm
169 Z, 123
170 Ha 1874, 110 f
171 G 1935, 107 vgl. 104
172 Ha 1931, 156
173 K 1952, 24 f
174 K 1952, 54
175 Vgl. K 1952, 52 sowie H. L. Klostermann: F. Fröbels Werdegang und sein Wirken als Knabenerzieher. Leipzig 1927, 118 ff
176 Keilhau in Wort und Bild. Leipzig 1902, 69 ff
177 B, 155 (Tbl. 1816, IV, 75 b)
178 B, 152 (Tbl. 1816, IV, 85 a)
179 B, 151 (Tbl. 1816, IV, 43 a)
180 B, 152 (Tbl. 1816, IV, 43 b)
181 K 1932, 236
182 Keilhau in Wort und Bild. Leipzig 1902, 78 f vgl. Ha 1874, 124 ff
183 KG 1883, 11 (Br. v. 23. 10. 1816)
184 KG 1883, 28 f (Br. v. 27. 1. 1817)
185 KG 1883, 38 f
186 Ha 1874, 103 ff, Ha 1931, 487 ff
187 Dazu der Bericht von Zeh, vgl. Z, 277 ff
188 R XIII, 7–26
189 Vgl. R XV und XVI
190 S. Anm. 140
191 G 1935, 56
192 Ha 1931, 499 ff
193 G 1935, 101 f
194 Ha 1931, 479 (Br. v. Juli 1818)
195 H 1952 a, 57 f, 176 ff, 180 f, 186 ff, 189 f, 196 ff, 202 ff; vgl. He 1905, 75 ff
196 Ha 1931, 517
197 Vgl. N., Ha 1931, 708
198 Vgl. He 1905, 239 ff Rheinische Blätter 32 (1878), 145 ff, 239 ff, 314 ff
199 Vgl. KG 1883/85
200 Vgl. L
201 Vgl. G 1935
202 Hierzu: Keilhau in Wort und Bild. Leipzig 1902, 105 ff
203 Ha 1874, 143 ff
204 Z, 123 ff
205 Z, 176 ff
206 Z, 178
207 Z, 195 ff
208 Z, 201 ff
209 Z, 218 ff
210 Z, 147 ff
211 Ha 1931, 538, Z, VIII
212 Z, 170
213 Z, 174
214 G 1952, 17 (Br. v. 12. 12. 1820) G. Stöcker: Das Problem der Gemeinschaft bei Friedrich Fröbel. Diss. Halle 1936, 58 (Br. v. 15. 7. 1821 u. 31. 12. 1821)
215 Ha 1931, 566 (Br. v. 31. 12. 1821) Zur Trinitätsspekulation vgl. R 1935
216 R 1935, 82 f (Tbl. 1820, VIII 8 b, 9 a, 11 a)
217 R 1935, 84 (Tbl. 1820, VIII, 11 a)
218 R 1935, 84 (Tbl. 1820, IX, 12 a)
219 Z, 259 ff
220 Nach Ha 1931, 602 f zuerst angedeutet im Br. v. 23. 4. 1825
221 Ha 1931, 632
222 P, 2 (Br. v. 5. 11. 1827), Ha 1931, 635 f (Br. v. 12. u. 22. 11. 1827)
223 L I, 1, 24 ff (Br. v. 18. 2. 1829)
224 Beide Anstalten beschrieben in Fröbels «Anzeige» (L I, 1, 401 ff)
225 Die «Erhebungsanstalt» wird bei Lange nicht genannt, hier nach K 1952, 75
226 H II, 7
227 Vgl. H II, 255 ff (Gegenüberstellung von Fröbels Disposition und Langes Gliederung)
228 Z, 150

229 H II, 9
230 H II, 8
231 H II, 32, vgl. 27f
232 H II, 10
233 H II, 13
234 H II, 15
235 H II, 39
236 H II, 35
237 H II, 40–43, 49–91
238 H II, 51
239 H II, 58
240 H II, 59f
241 KG 1883, 57f (Br. v. 1. 7. 1817)
242 H II, 61
243 H II, 62f
244 H II, 65f
245 H II, 68f
246 H II, 67
247 H II, 82–147
248 H II, 149ff
249 Ibd.
250 H II, 101
251 H II, 111
252 H II, 114
253 H II, 114–117
254 L I, 2, 413ff, H I, 43ff
255 H I, 56
256 H I, 58
257 Die Erziehenden Familien. Nr. 1. Das Blatt an die Leser. Keilhau 1826, 7
258 G 1935, 125f
259 G 1935, 81
260 G 1935, 27
261 G 1935, 3
262 L I, 1, 32ff, 119ff
263 Ha 1926 (Br. v. März/6. 4. 1832), H 1952a, 125ff (Br. v. 25./27. 8. 1832), H I, 95ff (Br. v. 12./14. 2. 1835)
264 Die Angabe bezieht sich auf vollständig bzw. teilweise edierte oder in der Fröbelliteratur genannte Briefe
265 Vgl. Anm. 262 u. G 1935
266 L I, 1, 428ff
267 L I, 1, 429
268 L I, 1, 443
269 L I, 1, 437
270 L II, 499ff St. 1933
271 E. Spranger: Aus Friedrich Fröbels Gedankenwelt. 4. Aufl. Heidelberg 1964, 33
272 St 1933, 51
273 St 1933, 60f, vgl. Ha 1874, 262ff (Br. v. 31. 12. 1835)
274 R XVI, 71ff (Br. v. März 1836)
275 G 1976, 255 (Br. v. 6. 11. 1833)
276 Ha 1931, 723
277 Ha 1931, 701f
278 Ha 1931, 721
279 L I, 1, 423ff
280 L I, 1, 424
281 G 1976, 47 (Dok. 18)
282 G 1976, 73ff (Dok. 49)
283 G 1976, 235ff (Dok. 187a, 188–190). Dok. 187a und 188 auch bei L I, 1, 456ff. Vgl. E. Hoffmann: Fröbels Wirken in der Schweiz. In: ZfPäd. 14. Beiheft. Weinheim 1977, 303ff
284 G 1976, 268
285 G 1976, 270
286 Über die Hintergründe des Scheiterns, vgl. Hoffmann, s. Anm. 283, S. 311ff
287 L I, 1, 479ff
288 L I, 1, 490
289 L I, 1, 486f
290 Vgl. G. 1935, 112 u. ö.; K 1952, 80ff
291 Vgl. H I, 95ff (Br. v. 12. 2. 1835)
292 K 1952, 81 (Br. v. 25. 4. 1833)
293 H I, 98
294 N, 388 (Br. v. Dez. 1831)
295 Beispielhaft dafür H 1952a, 116 (Br. an A. Weimann v. 9. 12. 1831) und Ha 1926, 37ff (Konfirmandenbrief v. März/6. 4. 1832)
296 Vgl. H 1952a, 62 (Br. v. 17. 6. 1831)
297 G 1952, 102 (Br. v. Dez. 1831)
298 G 1935 (Br. v. 18. 8./Mitte Sept. 1831)
299 N, 388 (Br. v. Dez. 1831)
300 H 1952a, 124 (Br. v. 14. 4. 1832)
301 N, 393 (Br. v. 17. 4. 1832)
302 K 1952 (Br. v. 3. 9. 1832)

303 Ha 1931, 709 (Br. v. 20. 6./30. 6. 1834)
304 Gemeint ist der Bekenntnisbrief (G 1935)
305 Ha 1931, 714 (Br. v. 10. 7. 1834)
306 St 1933, 15
307 St 1933, 20
308 St 1933, 23f
309 Sch, 33 (Br. v. 11. 11. 1848)
310 Ibd.
311 Pr 1909, 17 (Br. v. 29. 2. 1836), vgl. K 1952, 91
312 P, 197
313 Vgl. Anm. 93
314 Vgl. Anm. 94
315 H II, 64
316 H II, 66
317 H II, 65
318 H II, 64
319 L I, 1, 25 (Br. v. 18. 2. 1829)
320 Ibd.
321 L I, 1, 479ff, bes. 486ff
322 So H I, 170
323 Ha 1931, 724f
324 Ha 1931, 738f, vgl. Pr 1909
325 Vgl. E. Hoffmann: Die Gründung des Kindergartens durch Fröbel. In: Kindergarten 79 (1938), 9
326 L II, 150
327 L II, 559ff
328 H III, 154ff
329 H III, 216
330 Pr 1909, 25
331 L II, 11 u. 16
332 E. Hoffmann (Hg.): Fr. Fröbel an Gräfin Brunszvik. Berlin 1944, 155
333 F. Halfter: Friedrich Fröbels Brief und Idee vom selbstlehrenden Würfel. In: Ztschr. f. Gesch. d. Erziehung u.d. Unterrichts 23 (1933), 44ff
334 Ibd., S. 58
335 L, 33 u.ö.; Friedrich Fröbel. Theorie des Spiels II, (1936). Weinheim 1966, 16
336 H III, 90
337 Ibd.
338 H III, 96
339 H III, 118
340 H III, 150f
341 Vgl. Pr 1909, 18ff und Hoffmann (Anm. 325), 8f
342 Entwurf eines Plans zur Begründung und Ausführung eines Kindergartens. Leipzig 1840, 5, 7 u. 9, vgl. L II, 456ff
343 L II, 470
344 Vgl. J, 235, H 1948, 10
345 KG 1883/1884
346 Vgl. Anm. 335
347 Vgl. Anm. 332
348 Blankenburg-Leipzig 1838 und 1840. Die meisten Beiträge in L II abgedruckt.
349 Sonntagsblatt Bd. II, 54ff
350 L II, 469ff
351 KG 1885, 81 (Br. v. 26. 3./1. 4. 1837)
352 L, 103 u. 101
353 KG 1884, 141 (Br. v. 22./24. 2. 1837)
354 KG 1884, 160
355 Pr 1911, 60f
356 Vgl. He 1969
357 Vgl. H 1948
358 L II, 484ff
359 J, 226 (Br. v. 23.9.1846)
360 J, 235 (Br. v. Okt. 1847)
361 J, 238 (Br. v. 14.12.1847)
362 L, 152ff
363 P, 177 (Br. v. 16. 7. 1848)
364 M. Krecker: Aus der Geschichte der Kleinkindererziehung. Quellentexte. Berlin 1961, 158f
365 Abgedr. b. J. Prüfer: Quellen zur Geschichte der Kleinkindererziehung. Frankfurt/M. 1913, 177–190
366 H 1948, 94
367 P, 206f
368 J, 240
369 G. Müller: Fr. Fröbels erste Kindergärtnerinnenkurse in Dresden 1848. In: Dresdner Geschichtsblätter 23 (1914), Nr. 1, 2
370 M. Lyschinska (Hg.): H. Schrader-Breymann. Berlin 1927, Bd. 1, 60

371 Sch, 39 (Br. v. 27. 2. 1849)
372 Bad Liebenstein 1850. Texte zum Großteil in L II, 239–388, 523–558
373 Sch, 46
374 Bad Liebenstein 1851/52. Zwei Texte in L II (89 ff und 501 ff), ein Aufsatz in L I, 1, 364 ff
375 Sch, 30 f
376 H III, 121 ff
377 Ztschr. f. F. Fröbels Bestrebungen. H. 2 (1851), 3–12
378 K. Müller: Kulturreaktion in Preußen im 19. Jahrh. Berlin 1929, 7
379 Ev. Kinderpflege 1952, 92 f (Br. v. 31. 10. 1851)
380 G 1952, 142
381 P, 235 (Br. v. 10. 3. 1852)
382 Rhein. Blätter f. Erziehung u. Unterricht 24 (1870), 493 (Br. v. 12. 4. 1852)
383 In die Schweiz – vgl. J. 229 (Br. v. 22. 10. 1846)
384 Vgl. Ha 1931, 748 (Br. v. Juni/Juli 1844)
385 P, 114 u. L, 127
386 Vgl. J, 124 f (Br. v. 17. 12. 1844), J, 112 (Br. v. 20. 1. 1846) und J, 115 (Br. v. 8. 5. 1846)
387 Pr 1920, 92 (Br. v. 19. 12. 1844)
388 Vgl. L, 125 f (Br. v. 17. 12. 1844), J. 115 u. 117 (Br. v. 8. 5. und 7. 7. 1846)
389 J, 106 (Br. v. 3. 1. 1846)
390 Pr 1911, 60

Zeittafel

1782	21. April: Geburt Friedrich Wilhelm August Fröbels als sechstes und jüngstes Kind des Pfarrers Johann Jacob Fröbel und seiner Frau Jacobine Eleonore Friederike, geb. Hoffmann, in Oberweißbach/Thür.
1783	7. Februar: Tod der Mutter
1785	22. Juli: Zweite Ehe des Vaters mit Friederike Sophie Otto; zwei Kinder aus dieser Ehe (Karl Popo Fröbel, geb. 2. November 1786, Johanna Sophie Carolina Fröbel, geb. 21. September 1792)
1789–1796	Besuch der Elementarschule in Oberweißbach und Stadt-Ilm (seit 1792)
1797–1799	Forst-Geometerlehre (Försterei Juchhöh bei Hirschberg/Saale nahe Hof)
1799–1801	Oktober–Frühjahr: Studium der Naturwissenschaften in Jena bei Prof. Batsch und Göttling
1802	10. Februar: Tod des Vaters
1802–1803	Forstamtsaktuar in Braunach und in Bamberg
1804–1805	Privatsekretär auf Gut Groß-Miltzow bei Neubrandenburg
1805–1806	Lehrer an Pestalozzi-Musterschule in Frankfurt a. M.; Herbst: Erster Aufenthalt bei Pestalozzi in Iferten (Yverdon)
1806	Seit Juni Hauslehrer bei Familie von Holzhausen in Frankfurt a. M.
1808–1810	Zweiter Aufenthalt in Iferten (Yverdon) als Schüler Pestalozzis und als Hofmeister der drei Söhne Carl, Friedrich und Adolph von Holzhausen ab Ende September 1808
1811	März: Kündigung der Hauslehrerstelle. Studium der alten Sprachen und der Physik, Chemie und Mineralogie in Göttingen
1812	November: Immatrikulation an der Universität Berlin. Studium der Mineralogie, insbesondere der Kristallographie bei Professor Weiß, Hörer Fichtes
1813	April: Eintritt in Lützows Freikorps, Teilnahme am Befreiungskrieg bis Ende Juli 1814
1814	August: Assistent am Mineralog. Institut der Universität Berlin bei Professor Weiß
1815	Hörer bei Schleiermacher
1816	9. April: Entlassungsgesuch Fröbels; am 13. November Gründung der «Allgemeinen deutschen Erziehungsanstalt» Griesheim/Thür.
1817	Juni: Verlegung der Erziehungsanstalt nach Keilhau
1818	11. September: Heirat mit Henriette Wilhelmine Hoffmeister, geschied. Klöpper, in Berlin. Die Ehe bleibt kinderlos. In Keilhau zehn Zöglinge. Mitarbeiter: Heinrich Langethal und Wilhelm Middendorff

1820	Mai: Fröbels Bruder Christian siedelt mit seiner Frau und den Töchtern Albertine, Emilie und Elise nach Keilhau über. Erste Keilhauer Werbeschrift: *An unser deutsches Volk*
1821–1823	Weitere fünf *Keilhauer Werbeschriften*. Ende 1823 in Keilhau 40 Zöglinge
1826	Die *Menschenerziehung. Die Erziehenden Familien* (Wochenschrift). Hochzeit Middendorffs mit Albertine Fröbel und Langethals mit Ernestine Crispini, der Pflegetochter von Fröbels Gattin. Rückgang der Zahl der Zöglinge wegen Anwesenheit des Burschenschaftlers Johannes Barop in Keilhau («Demagogennest»)
1827–1828	Kontakt mit Herzog von Meiningen. Plan einer Einheitsschule (Helbaer Plan, nicht verwirklicht)
1829	Keilhau hat noch fünf Zöglinge. Barop übernimmt die Leitung der Anstalt
1831	Mai–Juni: Aufenthalt Fröbels bei Familie von Holzhausen in Frankfurt a. M., Kontakt mit Xaver Schnyder von Wartensee, Plan einer Erziehungsanstalt in Wartensee bei Luzern, wird im August eröffnet. Eheschließung Barops mit Emilie Fröbel am 11. Juni
1833	Verlegung der Erziehungsanstalt nach Willisau im Mai. *Grundzüge der Menschenerziehung*
1834	Seit April Betreuung von vier Seminarzöglingen in Willisau. Der Plan einer Armenerziehungsanstalt in Burgdorf wird nicht verwirklicht. Leitung von Lehrerfortbildungskursen Juni bis September in Burgdorf, auch 1835
1835	Leitung des Waisenhauses (und Elementarschule) in Burgdorf
1836	Reise mit Wilhelmine nach Berlin zur Regelung von Erbschaftsangelegenheiten. Langethal leitet das Waisenhaus bis 1841, Middendorff Willisau bis 1838
1837	16. Januar: Übersiedlung Fröbels nach Bad Blankenburg. März 1837 «Autodidaktische Anstalt», seit August 1837 «Anstalt zur Pflege des Beschäftigungstriebes der Kindheit und Jugend»
1838	Plan, «Anstalt zur Pflege des Beschäftigungstriebes» mit «Bildungsanstalt für Kinderführer» zu verbinden. Reisen nach Göttingen und Frankfurt a. M. *Schriften zu den ersten beiden Gaben*. Das *Sonntagsblatt* (1. Jahrgang). Im Dezember Reise nach Dresden
1839	Reise nach Leipzig. 13. Mai: Tod Wilhelmine Fröbels. Im Juni «Bildungsanstalt für Kinderführer» zusammen mit «Spiel- und Beschäftigungsanstalt» eröffnet
1840	28. Juni: Gutenbergfest, zugleich Stiftung des Allgemeinen Deutschen Kindergartens. *Entwurf eines Planes zur Begründung und Ausführung eines Kindergartens. Das Sonntagsblatt* (2. Jahrgang), Kinderführerkurse
1842	Kindergärtnerinnenkurse in Blankenburg
1843	*Nachricht und Rechenschaft von dem deutschen Kindergarten in Blankenburg und Keilhau*
1844	*Mutter- und Koselieder*. 1. Begleitschrift zur ausgeführten dritten Gabe. *100 Lieder zu dem Spielen mit dem Ball*
1845–1849	Reisen zur Verbreitung der Kindergartenidee, Aufenthalt seit Juni 1844 in Keilhau

1848	August: Lehrerversammlung in Rudolstadt. Resolution fordert einheitliches Schulsystem vom Kindergarten bis zur Hochschule
1849	Gründung der «Anstalt für allseitige Lebenseinigung durch entwikkelnd-erziehende Menschenbildung» in Bad Liebenstein bei Meiningen
1850	*Friedrich Fröbels Wochenschrift*, hg. von Wichard Lange. Im Mai Umzug nach Schloß Marienthal bei Meiningen
1851	Zweite Ehe mit Luise Levin. 23. August: Kindergartenverbot in Preußen. 27.–29. September: Pädagogenversammlung in Bad Liebenstein: Erklärung für Fröbel: 2. Begleitschrift zur ausgeführten dritten Gabe. *Zeitschrift für Friedrich Fröbels Bestrebungen* (Wochenschrift)
1852	21. Juni: Tod in Marienthal

Zeugnisse

Pestalozzi
Es freut uns, Herrn Fröbel kennen zu lernen. Er hat mit seinem ganzen Feuer an allem teilgenommen, was wir tun, und ich hoffe vieles von seinem Kopf und von seinem Herzen für die Beförderung unserer gemeinsamen Zwecke

Brief an Gruner (1805)

Johannes Niederer
Herr Fröbel ist kein Pestalozzianer und war nie ein solcher. Er geht seinen eigenen Weg, auch, wo er Pestalozzische Elemente und Ansichten aufnimmt, und bearbeitet sie selbständig ... Anschauungslos in Pestalozzi's Sinne, dunkel und verwirrt, oder nach Goethes Ausdruck abstrus in seinen Erklärungen, kann man hingegen das bei ihm in einem eminenten Grade vorhandene Vermögen: anzuziehen, zu betätigen, durchzuführen, Menschen und Kräfte zu seinem Ziel zu vereinigen und festzuhalten, nicht absprechen.

Offener Brief (1835)

Jeremias Gotthelf
Fröbel hat nämlich viel Ähnlichkeit mit Pestalozzis Entwicklungsmethode des Menschen, hat dieselbe nur auf eigene Weise sich ausgearbeitet, während die meisten anderen Pädagogen nicht sowohl Erzieher als Lehrer sind, d. h. in den Menschen so viel als möglich hineinschütten, statt so viel als möglich aus ihm herauszubringen.

Brief an Burkhalter (1834)

Wichard Lange
Fröbel hat die großen Linien gezogen; die moderne Pädagogik hat die Pflicht, darauf zu bauen.

Nach Kuntze (1930)

Bertha von Marenholtz-Bülow
Das Feuer, mit dem Fröbel seine Ansichten aussprach und erläuterte, gab demselben ein eigentümliches Gepräge, und die tiefe Überzeugung, mit welcher er ihre Richtigkeit vertrat, hatte zuweilen etwas Überwältigendes und Großartiges. Er wurde ein völlig anderer, wenn der Genius über ihn kam und der Strom seiner Worte wie ein Feuerregen hervorsprühte.

Erinnerungen an Fröbel (1876)

Henriette Schrader-Breymann
Pestalozzi wollte die Elemente des Geisteslebens auffinden und ihre Entwicklungsgesetze; er war zugleich ein großer Sozialpädagoge. Fröbel hat sich nun besonders dem ersten Streben angeschlossen und darin das Größte geleistet.

Brief an Luise Levin (1875)

Paul Natorp
Die industrielle Notarbeit, an die Pestalozzi praktisch anzuknüpfen durch die zufälligen äußeren Bedingungen seines ersten pädagogischen Wirkens veranlaßt worden war, deren erziehende Kraft aber eine ungemein dürftige und einseitige ist, ersetzt Fröbel durch eine frei spielende, aber eben im Spiel planvolle, nach Möglichkeit alle im Kinde schlummernden Kräfte aufrufende und somit übende Tätigkeit.

Sozialpädagogik (1899)

Eduard Spranger
Fröbels Genialität war seine Kindlichkeit: durch alle Vertiefungen hindurch ist das Kind in ihm wunderbar unberührt geblieben, so daß man sagen darf: Wenn es einem Kinde möglich wäre, sich über sein Wesen und sein Weltbild bewußt Rechenschaft zu geben, würde es vielleicht genau zu jener Deutung gelangen, die Fröbels Philosophie von der Welt gab.

Was bleibt von Fröbel? (1918)

Bibliographie

1. Bibliographien

HEILAND HELMUT: Literatur und Trends in der Fröbelforschung. Weinheim 1972 (Werkverzeichnis, Sek.-Literatur bis 1972)

Kaiser, Marianne: Fröbel-Auswahlbibliographie. Berlin 1977

Heiland Helmut: Bibliographie Friedrich Fröbel. Primär- und Sekundärliteratur 1820–1990. Hildesheim 1990

2. Sammelausgaben

Friedrich Fröbels gesammelte pädagogische Schriften. Hg. von WICHARD LANGE.
1. Abteilung Bd. 1: Aus Fröbels Leben und erstem Streben
1. Abteilung Bd. 2: Die Menschenerziehung
2. Abteilung Bd. 1: Die Pädagogik des Kindergartens. Berlin 1826/63. Faksimiledruck Osnabrück 1966

Friedrich Fröbels pädagogische Schriften. Hg. von FRIEDRICH SEIDEL. 3 Bde. Wien–Leipzig 1883

Friedrich Fröbel. Hg. von GUSTAV RÖNSCH. 2 Bde. Langensalza 1912/1913

Fröbels Menschenerziehung. Hg. von HANS ZIMMERMANN. Leipzig 1913

Fröbels kleinere Schriften zur Pädagogik. Hg. von HANS ZIMMERMANN. Leipzig 1914

Friedrich Fröbel. Ausgewählte Schriften. Bd. 1 und 2. Hg. von ERIKA HOFFMANN. Bd. 1: Kleine Schriften und Briefe von 1809–1851. Düsseldorf 1951, 2. Aufl. 1964, Bd. 2: Die Menschenerziehung. Düsseldorf 1951, 3. Aufl. 1968

Friedrich Fröbel. Ausgewählte Schriften. Bd. 3: Vorschulerziehung und Spieltheorie. Hg. von HELMUT HEILAND. Düsseldorf 1974

Gedenkschrift zum 100. Todestag von Friedrich Fröbel. Hg. von GERDA MUNDORF u. a. Berlin 1952

Friedrich Fröbel. Kleine pädagogische Schriften. Hg. von ALBERT REBLE. Bad Heilbrunn/Obb. 1965

Friedrich Fröbel. Ausgewählte pädagogische Schriften. Hg. von JULIUS SCHEVELING. Paderborn 1965

F. W. A. Fröbel. «Kommt, laßt uns unsern Kindern leben!» Aus dem pädagogischen Werk eines Menschenerziehers. Hg. von ROSEMARIE BOLDT, ERIKA KNECHTEL und HELMUT KÖNIG. 3 Bde. Berlin 1982

Friedrich Fröbel. Ausgewählte Schriften. Bd. 4: Die Spielgaben. Hg. von HELMUT HEILAND. Stuttgart 1982

Friedrich Fröbel. Bd. 5: Briefe und Dokumente über Keilhau. Erster Versuch der Sphärischen Erziehung. Hg. von ERIKA HOFFMANN und REINHOLD WÄCHTER. Stuttgart 1986

3. Einzelausgaben

Friedrich Fröbels Mutter- und Kose-Lieder. Hg. von JOHANNES PRÜFER. Faksimiledruck der Originalausgabe von 1844. Leipzig 1911, 4. Aufl. 1927

Friedrich Fröbels Werdegang und sein Wirken als Knabenerzieher. Hg. von HELENE L. KLOSTERMANN. Leipzig 1927

Fröbels Theorie des Spiels I. Der Ball als erstes Spielzeug des Kindes. Hg. von ELISABETH BLOCHMANN. Langensalza 1931, 3. Aufl. Weinheim 1963

Friedrich Fröbel. Erneuung des Lebens. Hg. von ELFRIEDE STRAND. Leipzig 1933

Fröbels Theorie des Spiels II. Die Kugel und der Würfel als zweites Spielzeug des Kindes. Hg. von HELENE L. KLOSTERMANN. Langensalza 1936, 3. Aufl. Weinheim 1966

Fröbels Theorie des Spiels III. Aufsätze zur dritten Gabe, dem einmal in jeder Raumrichtung geteilten Würfel. Hg. von ERIKA HOFFMANN. Langensalza 1936, 4. Aufl. Weinheim 1967

Friedrich Fröbel. Mutter- und Koselieder. Ein Familienbuch von Friedrich Fröbel. (Faksimiledruck). Hg. von HERMANN FRÖBEL und DIETRICH PFAEHLER. Bad Neustadt a. d. S. 1982

4. Briefausgaben

WIDMANN, B.: Friedrich Fröbel und Schnyder von Wartensee. In: Rheinische Blätter 23 (1869), 55–69, 176–193

[Lange, Wichard]: Friedrich Fröbels persönliche Wirksamkeit in Dresden und Leipzig, geschildert von ihm selbst in Briefen an seine Frau Henriette Wilhelmine, geb. Hoffmeister. In: Rheinische Blätter 32 (1878), 145–174, 239–259, 314–335

JÄNICKE, –: Beiträge zur Fröbelliteratur: Ungedruckte Briefe Friedrich Fröbels aus den Jahren 1845–1851. In: Pädagogische Blätter für Lehrerbildung und Lehrerbildungsanstalten, Gotha 9 (1880), 97–118, 223–224

HAGEN, HERMANN: Friedrich Fröbel im Kampf um den Kindergarten. Leipzig 1882, 2. Aufl. Wien 1886, erweiterte Neuausgabe unter dem Titel: Friedrich Fröbel und Karl Hagen. Ein Briefwechsel aus den Jahren 1844–1848. Hg. von ERIKA HOFFMANN. Weimar 1948

[Seidel, Friedrich]: Briefe Fr. Fröbels an Heinrich Langethal. In: Kindergarten 24 (1883), 10–12, 28–29, 37–41, 57–60, 72–73, 88–94, 108–112, 130–134, 142–144, 159–165, 176–181; Kindergarten 25 (1884), 6–10, 31–34, 40–46, 62–63, 77–81, 88–94, 107–112, 139–143, 157–162, 169–172; Kindergarten 26 (1885), 9–12, 25–29, 45–49, 62–68, 78–82

[Seidel, Friedrich]: Briefe Friedrich Fröbels an Ida Seele. In: Kindergarten 27 (1886), 23, 41–42, 57–58; 29 (1888), 25–26, 74–75, 122

PÖSCHE, HERMANN: Friedrich Fröbel's Kindergartenbriefe. Wien–Leipzig 1887

NEUHAUS, AUGUST: Auszüge aus den Briefen des Lützower Jägers Friedrich Wilhelm August Fröbel aus dem Feldzuge von 1813/14 an Prof. Christian Samuel Weiß. In: Anzeiger des Germanischen Nationalmuseums 1913, 99–169

HALFTER, FRITZ: Das Vermächtnis Friedrich Fröbels an unsere Zeit. Zwei Briefe vom Jahre 1832. Leipzig 1926

LÜCK, CONRADINE: Friedrich Fröbel und die Muhme Schmidt. Leipzig 1929

NOHL, HERMAN: Friedrich Fröbel an seine Nichte Elise. In: Die Erziehung 7 (1931/32), 385–405, 473–488

HALFTER, FRITZ: Friedrich Fröbels Brief und Idee vom selbstlehrenden Würfel. (Brief v. 30.11./6.12.1837) In: Zeitschrift für Geschichte der Erziehung und des Unterrichts 23 (1933), 49–63

GUMLICH, BRUNO: Friedrich Fröbel. Brief an die Frauen in Keilhau. Weimar 1935

RINKE, ALFONS: Die Teilnahme Friedrich Fröbels an dem Befreiungskriege 1813/14. In: Zeitschrift für Geschichte der Erziehung und des Unterrichts 28 (1938), 68–92

HOFFMANN, ERIKA: Friedrich Fröbel. Briefwechsel mit Kindern. Berlin 1940, 2. Aufl. mit neuem Titel: Mein Herzenskind. Frankfurt/M. 1952

HOFFMANN, ERIKA: Friedrich Fröbel an Gräfin Brunszvik. Berlin 1944

GEPPERT, LOTTE: Friedrich Fröbels Wirken für den Kanton Bern. Bern–München 1976

HOFFMANN, ERIKA: Ein unveröffentlichter Fröbel-Brief über die Bildung der Kinder. In: Zeitschrift für Pädagogik 28 (1982), 175–192

HEILAND, HELMUT: Friedrich Fröbel. Die Konzeption des Helbaer Plans. In: Pädagogische Rundschau 37 (1983), 297–323

WIEDEMANN, HANS-RUDOLF: Friedrich Fröbel an Wilhelm Clemens. (Brief vom 21.5.1834). In: Wiedemann, Hans-Rudolf: Kinder. Autobiographisches zum Thema Kind. Lübeck 1983, 108–115

WIEDEMANN, HANS-RUDOLF: Friedrich Fröbel an Rohrbach. (Brief vom 29.12.1850). In: Wiedemann, Hans-Rudolf: Kinder. Altersbriefe bedeutender Menschen in Handschrift und Druck. Lübeck 1984, 102–109

SAUPE, PAUL: Friedrich Wilhelm August Fröbel an Johann Falk. (Brief vom 20.10.1820) In: Saupe, Paul: 200 Jahre Lehrerbildung in Weimar. Weimar 1986, 27, 58–59, und in: Jahrbuch für Erziehungs- und Schulgeschichte 28 (1988), 158–162

HEILAND, HELMUT: Friedrich Fröbel an die Kinder in Keilhau (Brief vom 3.12.1831) In: Heiland, Helmut: Die Pädagogik Friedrich Fröbels. Hildesheim 1989, 1–8

HEILAND, HELMUT/HOHENDORF, GERD: Briefe Fröbels an und über Diesterweg (Briefe v. 9./10.1.1851 und 21.1.1852). In: Hohendorf, Gerd/Rupp, Horst F. (Hrsg.): Diesterweg: Pädagogik – Lehrerbildung – Bildungspolitik. Weinheim 1990, 199–203

KÖNIG, HELMUT: Briefe Fröbels an Ida Seele – anläßlich des 150. Jahrestages der Gründung des Allgemeinen Deutschen Kindergartens. In: Jahrbuch für Erziehungs- und Schulgeschichte 30 (1990), 166–180

HEILAND, HELMUT: Die Grundgedanken Friedrich Fröbels. Ein Brief (Brief v. 21.3.1846). In: Heiland, Helmut: Fröbelbewegung und Fröbelforschung. Hildesheim 1992, 5–26

HEILAND, HELMUT: Die Schulpädagogik Friedrich Fröbels. Hildesheim 1993 (Brief vom 1.3.1834 an Stähli), 238–250

5. Tagebücher

BODE, MARIA: Friedrich Fröbels Erziehungsidee und ihre Grundlage. Diss. Bonn 1925. In: Zeitschrift für Geschichte der Erziehung und des Unterrichts 15 (1925)

KUNTZE, MARIE ANNE: Fr. Fröbels Verhältnis zu Frau von Holzhausen. In: Kindergarten 67 (1926)

RINKE, ALFONS: Friedrich Fröbels philosophische Entwicklung unter dem Einfluß der Romantik. Diss. Freiburg i. B. 1935, Langensalza 1935

6. Biographien

HANSCHMANN, ALEXANDER BRUNO: Friedrich Fröbel. Die Entwicklung seiner Erziehungsidee in seinem Leben. Eisenach 1874. 2. Aufl. 1875, 3. Aufl. Dresden 1900

PRÜFER, JOHANNES: Die pädagogischen Bestrebungen Friedrich Fröbels in den Jahren 1836–1842. Diss. Leipzig 1909, Berlin 1909

PRÜFER, JOHANNES: Friedrich Fröbel. Leipzig 1914. 2. Aufl. 1920

HALFTER, FRITZ: Der junge Fröbel. Beiträge zur inneren Entwicklung Friedrich Fröbels 1782–1811. Diss. 1925. Langensalza 1930

KUNTZE, MARIE ANNE: Friedrich Fröbel, sein Lebensweg und sein Werk. Leipzig 1930. 2. Aufl. Heidelberg 1952

HALFTER, FRITZ: Friedrich Fröbel. Der Werdegang eines Menschheiterziehers. Halle/S. 1931

BOLDT, ROSEMARIE/EICHLER, WOLFGANG: Friedrich Wilhelm August Fröbel. Leipzig 1982

HEILAND, HELMUT: Friedrich Fröbel. Reinbek 1982

7. Einzeluntersuchungen

KUDER, ANNELIESE: Die moderne Vorschulerziehung und ihre Vorläufer Friedrich Fröbel und Maria Montessori. Diss. Graz 1972

HEILAND, HELMUT; KLASSEN, THEODOR F.: Aktuelle Vorschulprobleme. Kronberg 1974

SCHMUTZLER, HANS-JOACHIM: Spiel, Phantasie und Arbeit bei Fröbel und Montessori. Diss. Päd. Hochschule Westfalen-Lippe, Abtl. Münster 1975

HOOF, DIETER: Handbuch der Spieltheorie Fröbels. Braunschweig 1977

KÖNIG, HELMUT: Friedrich Fröbels Verbindungen zur kleinbürgerlichen Demokratie in der ersten Hälfte des 19. Jahrhunderts. 4 Teile. In: Jahrbuch für Erziehungs- und Schulgeschichte 24 (1984), 51–72; 25 (1985), 37–60; 26 (1986), 169–193; 27 (1987), 84–117

HEILAND, HELMUT: «Lebenseinigung» als pädagogische Grundstruktur der Spieltheorie Friedrich Fröbels. In: Einsiedler, Wolfgang/Martschinke, Saline (Hrsg.): Kinderspiel und seelische Gesundheit. Nürnberg 1989, 41–47

HEILAND, HELMUT: Zur Marenholtz-Bülow-Forschung. In: Bildung und Erziehung, 43 (1990), H. 3, 325–341

SOËTARD, MICHEL: Fröbels Auseinandersetzungen mit seinem «geistigen Vater»

im Lichte der Nachforschungen. In: Pestalozzianum/Springer, Sylvia (Hrsg.): Pestalozzi im internationalen Gespräch. Zürich 1990, 253–267
König, Helmut (Hrsg.): Mein lieber Herr Fröbel! Briefe von Frauen und Jungfrauen an den Kinder- und Menschenfreund. Berlin 1990
Soëtard, Michel: Friedrich Fröbel. Pédagogie et vie. Paris 1990
Heiland, Helmut: Zum Verhältnis von Politik und Pädagogik bei Friedrich Fröbel. In: Pädagogische Rundschau 45 (1991), 433–450
Heiland, Helmut: Friedrich Fröbel – Ein Wegbereiter der modernen Erlebnispädagogik? Lüneburg 1991
Heller, Lieselotte: Friedrich Fröbel – der Begründer einer naturwissenschaftlichen Elementarlehre. In: Pädagogische Rundschau 45 (1991), 143–161
Schmutzler, Hans-Joachim: Fröbel und Montessori. Freiburg 1991
Heiland, Helmut: Fröbelbewegung und Fröbelforschung. Bedeutende Persönlichkeiten der Fröbelbewegung im 19. und 20. Jahrhundert. Hildesheim 1992
Modl, Birgit/Ziegler, Birgit (Hrsg.): Festschrift zum 175. Jubiläum der Allgemeinen Deutschen Erziehungsanstalt durch Friedrich Fröbel. Bad Blankenburg 1992
Niethammer, Arnolf: Fröbels Menschenbild in Kontrastierung zu demjenigen von Kant und Schiller. In: Menze, Clemens u. a. (Hrsg.): Menschenbilder. Festschrift für Rudolf Lassahn. Frankfurt/M. 1993, 199–224
Birr-Chaaranaa, E.: Auf dem Wege zur pädagogischen Mitte. Stufentheorie bei Rousseau, Schleiermacher und Fröbel. Frankfurt/M. 1993
Luc, Jean-Noel: Salle d'asile contre jardin d'enfants. Les vicissitudes de la méthode Fröbel en France (1855–1887). In: Pedagogica Historica 29 (1993), 433–458
Heiland, Helmut: Die Schulpädagogik Friedrich Fröbels. Hildesheim 1993
Heiland, Helmut: Friedrich Fröbel. In: Houssaye, Jean (Ed.): Quinze Pédagogues. Paris 1994, 51–69
Heiland, Helmut: Friedrich Fröbel. In: Morsy, Zaghloul (Ed.): Thinkers on Education. Vol 2. Paris 1994 (UNESCO), 473–491 und in: Morsy, Zaghloul (Dir.): Penseurs de l'education. Vol 2. Paris 1995 (UNESCO), 481–499
Heiland, Helmut: Bertha von Marenholtz-Bülow (1810–1893) im Spiegel von Briefen. Ein Beitrag zur Geschichte der Fröbelbewegung. In: Pädagogische Rundschau 49 (1995), 123–157
Baader, Meike Sophia: Die romantische Idee des Kindes und der Kindheit. Neuwied 1996 (Fröbel S. 221–256)
Heiland, Helmut: Fröbel und der Kindergarten. Tradition und Aktualität einer pädagogischen Institution. In: Friedrich-Fröbel-Museum Bad Blankenburg (Hrsg.): Beiträge zum 155. Gründungsjahr der Institution Kindergarten. Gera (Druckhaus) 1996, 2–29 und in: Zeitschrift für Bildungs- und Wissenschaftsgeschichte (ZBWG) H 1. Bamberg/Rudolstadt 1996. 9–28
Heiland, Helmut: Wegbereiter der Reformpädagogik: Rousseau, Pestalozzi, Fröbel – Die Grundgedanken und ihre Rezeption durch die Reformpädagogik. In: Seyfarth-Stubenrauch, Michael/Skiera, Ehrenhard (Hrsg.): Reformpädagogik und Schulreform in Europa. 2 Bde. Baltmannsweiler 1996, Bd. 1, 36–57
Heiland, Helmut: Die Fröbelforscherin Erika Hoffmann. In: Ebert, Sigrid/Lost, Christine (Hrsg.): Bilden-Erziehen-Betreuen. In Erinnerung an Erika Hoffmann. München 1996, 39–68
Gebel, Michael/Heiland, Helmut/Proll, Hans: Fröbel in seinen Briefen. Be-

merkungen anläßlich der Edition einer Fröbelbriefausgabe. In: Zeitschrift für Pädagogik 43 (1997), Nr. 3, 375–393
HEILAND, HELMUT: Fröbel im «Dritten Reich». Zum Fröbelverständnis im Nationalsozialismus. In: Pädagogisches Forum 10 (1997), 563–576
HEILAND, HELMUT: Fröbels Konzeption der Nationalerziehung. In: Erziehungsdenken im Bannkreis der Französischen Revolution. Hrsg. von Kurt-Ingo Flessau/Friedhelm Jacobs. Bochum 1998, 198–228
HEILAND, HELMUT/NEUMANN, KARL (Hrsg.): Friedrich Fröbel in internationaler Perspektive. Fröbelforschung in Japan und Deutschland. Weinheim 1998
HEILAND, HELMUT: Die Spielpädagogik Friedrich Fröbels. Hildesheim 1999
GEBEL, MICHAEL: Friedrich Fröbel und die Juden. Hildesheim 1999
PROLL, HANS: Piaget und Fröbel. Hildesheim 1999

Namenregister

Die kursiv gesetzten Zahlen bezeichnen die Abbildungen

Über den Autor

Helmut Heiland, geb. 1937 in Nürtingen, 1956 Abitur, danach Lehrerstudium in Schwäbisch Gmünd; 1958 bis 1960 Lehrer an einer Landschule bei Schwäbisch Hall. 1960 bis 1965 Studium der Pädagogik, Philosophie und Geschichtswissenschaft in Tübingen und München, 1965 Promotion und Staatsexamen, 1969 bis 1972 Dozent, dann bis 1973 Professor an der Päd. Hochschule Ruhr, Abteilung Dortmund. Seit 1974 o. Professor für Schulpädagogik / Allgemeine Didaktik an der Gerhard-Mercator-Universität Duisburg. Leiter der «Fröbelforschungsstelle der Gerhard-Mercator-Universität» und Herausgeber der «Duisburger Beiträge zur Fröbelforschung» und der in Vorbereitung befindlichen Gesamtausgabe der Briefe und Werke Friedrich Fröbels.

Ca. 100 Veröffentlichungen: Monographien und Zeitschriftenbeiträge zur Lehrerausbildung, Schulpädagogik, Allgemeinen Didaktik und zur Didaktik des Pädagogikunterrichts. Herausgeber von Texten zur Allgemeinen Didaktik und zur Schultheorie. Veröffentlichungen zur Geschichte der Pädagogik und zur Geschichte der Vorschulpädagogik, insbesondere zur Spielpädagogik Fröbels und zu ihrer Wirkungsgeschichte. In der Reihe «rowohlts monographien» erschien 1991 der Band «Maria Montessori» (4. Aufl. 1994).

Quellennachweis der Abbildungen

aus: Zeitschrift Kindergarten Jahrgang 67 (1926): 88
aus: Johannes Prüfer (Hg.), Mutter- und Koselieder (1911): 9, 113, 121
aus: Waldemar Döpel, Fröbelstätten in Thüringen (1939): 10, 11, 12, 40, 71, 96/97, 100/101, 116, 119, 123
Bildarchiv Preußischer Kulturbesitz, Berlin: 13, 15, 49
Ullstein-Bilderdienst, Berlin: 16, 19, 43, 57, 117
Archiv für Kunst und Geschichte, Berlin: 18, 36, 52, 124 (Sammlung Historia-Photo)
Keystone Pressedienst GmbH, Hamburg: 21, 48, 53
Zentralbibliothek Zürich: 23, 29
Städelsches Kunstinstitut und Städtische Galerie, Frankfurt: 25
aus: Erika Hoffmann (Hg.), Mein Herzenskind (1952): 26, 51
Helmut Heiland: 106, 108, 109
Hans Holzhausen, Salzburg: 38
aus: Johannes Prüfer, Friedrich Fröbel (1920): 40
aus: Keilhau in Wort und Bild (1902): 54, 55, 64, 67, 68, 91
aus: Heinz Schuffenhauer, Friedrich Wilhelm August Fröbel (1962): 61
aus: Wichard Lange (Hg.), Fröbels gesammelte pädagogische Schriften (1836): 60
aus: Kurt Schröcke, Luise Fröbel (1912): 118
aus: Bruno Gumlich (Hg.), Friedrich Fröbel. Brief an die Frauen in Keilhau (1935): 82
Internationale Bildagentur, Oberengstringen: 84, 85
Schweizerische Landesbibliothek, Bern: 86/87
aus: Julius Scheveling (Hg.), Friedrich Fröbel. Ausgewählte Pädagogische Schriften (1965): 6
aus: Elisabeth Blochmann (Hg.), Fröbels Theorie des Spiels I (1963): 98/99
aus: Gedenkschrift zum 100. Todestag (1952): 110
aus: Erika Hoffmann (Hg.), Friedrich Fröbel. Ausgewählte Schriften. Die Menschenerziehung (1951). 74

rororo
Ölgemälde: Joseph Karl Stieler

rororo
Georg Büchner
Jan-Christoph Hauschild
monographie

rowohlts monographien

Große Denker

Aristoteles
J.-M. Zemb
3-499-50063-9

Platon
Uwe Neumann
3-499-50533-9

Seneca
Marion Giebel
3-499-50575-4

Sokrates
Gottfried Martin
3-499-50128-7

Karl Marx
Werner Blumenberg
3-499-50076-0

C. G. Jung
Gerhard Wehr
3-499-50152-X

Sigmund Freud
Hans-Martin Lohmann
3-499-50601-7

Martin Heidegger
Walter Biemel
3-499-50200-3

Karl Popper
Manfred Geier
3-499-50468-5

Jean-Paul Sartre
Christa Hackenesch
3-499-50629-7

Friedrich Nietzsche
Ivo Frenzel

3-499-50634-3

S 23/1

rowohlts monographien

Politik und Geschichte

Anne Frank
Matthias Heyl
3-499-50524-X

Kemal Atatürk
Bernd Rill
3-499-50346-8

Friedrich II. der Große
Georg Holmsten
3-499-50159-7

Mahatma Gandhi
Heimo Rau
3-499-50172-4

Adolf Hitler
Harald Steffahn
3-499-50316-6

Katharina die Große
Reinhold Neumann-Hoditz
3-499-50392-1

Marco Polo
Otto Emersleben
3-499-50473-1

Napoleon
André Maurois
3-499-50112-0

Willy Brandt
Carola Stern
Wie nur wenigen Politikern gelang es Willy Brandt, die Herzen der Menschen zu erobern. Unbestritten ist er einer der bedeutendsten Staatsmänner des 20. Jahrhunderts.

3-499-50576-2

Foto: Musée Dobrée, Nantes

rowohlts monographien

Große Frauen

Elisabeth I.
Herbert Nette
3-499-50311-5

Frauen um Goethe
Astrid Seele
3-499-50492-8

Jeanne d'Arc
Herbert Nette
3-499-50253-4

Frida Kahlo
Linde Salber
3-499-50534-7

Käthe Kollwitz
Catherine Krahmer
3-499-50294-1

Rosa Luxemburg
Helmut Hirsch
3-499-50158-9

Alma Mahler-Werfel
Astrid Seele
3-499-50628-9

Lise Meitner
Lore Sexl/Anne Hardy
3-499-50439-1

Marion Dönhoff
Haug von Kuenheim
3-499-50625-4

Maria Montessori
Helmut Heiland
3-499-50419-7

Astrid Lindgren
Sybil Gräfin Schönfeldt

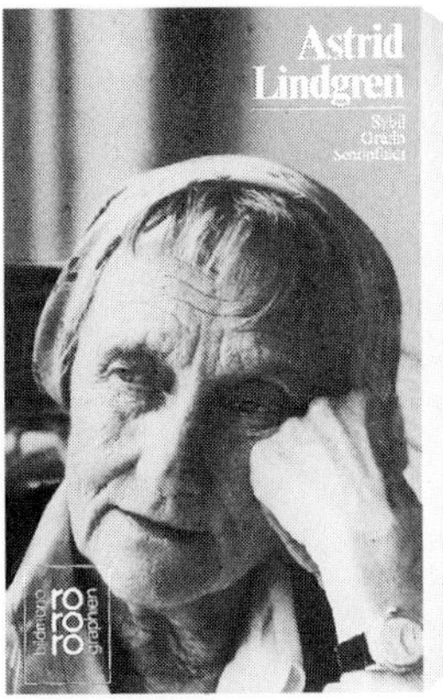

3-499-50371-9

S 24/1